メドベージェフ首相&プーチン大統領 守護霊メッセージ

「日露平和条約」を決断せよ

大川隆法

Ryuho Okawa

JN135529

まえがき

本収録の翌日、中国の習近平氏は、モスクワでプーチン氏と会談した。二人でモスクワの動物園でパンダを見に行っていたのが象徴的だった。中国の「パンダ外交」は有名だが、ロシアの依頼から、異例の早さで、貸し出されたらしい。そして、日本産《う》まれの子パンダ〝香香《シャンシャン》〟は、少しだけ延長されて、来年末まで上野動物園に〝貸与《たいよ》〟され続けるらしい。習氏の「パンダ外交」のしたたかさが読み取れる。

中露《ちゅうろ》は、反米行動に関しては、準同盟国のようにふるまうことがある。だがロシアの胸中《きょうちゅう》は複雑である。

ウクライナ危機以前から中国とウクライナの関係は良好だった。ロシアが出し渋っていた軍事技術や兵器、空母などを、中国はウクライナから手に入れている。もちろん、クリミア問題以降も、中国のウクライナへの投資は大きい。反面、欧州のロシア制裁以降も、中国は限定的にロシアを事実上支持している。経済的には中露は接近しつつも、お互いに相手を都合よく利用し合っている関係である。

本書では、メドベージェフ首相とプーチン大統領の本音を取材した。そして「『日露平和条約』を決断せよ」と提言した。

安倍首相が、自らの保身のため、選挙の勝敗のためだけに判断を先のばししたら、第三次世界大戦の構図が完成するだろう。逆に、吉田松陰《よしだしょういん》精神に殉《じゅん》じたら、北朝鮮危機も中国問題も解決に向かうだろう。

ラストチャンスだと思う。日本のマスコミには、先見性はない。ただ本書一冊を信じるがよい。

二〇一九年　六月七日

幸福《こうふく》の科学《かがく》グループ創始者兼総裁《そうししゃけんそうさい》　大川隆法《おおかわりゅうほう》

「日露平和条約」を決断せよ　目次

第1章　日本よ、「捨てて、得よ」

――メドベージェフ首相守護霊《しゅごれい》の霊言《れいげん》――

二〇一九年六月四日　収録

東京都・幸福の科学総合本部にて

2　ロシア側の事情と立場が明かされる　29

3　安倍首相への困惑《こんわく》と期待のポイント　42

第2章　日本よ、腹をくれ！

――プーチン大統領守護霊の霊言――

二〇一九年六月四日　収録
東京都・幸福の科学総合本部にて

「霊言現象《れいげん》」とは、あの世の霊存在の言葉を語り下ろす現象のことをいう。これは高度な悟《さと》りを開いた者に特有のものであり、「霊媒現象《れいばい》」（トランス状態になって意識を失い、霊が一方的にしゃべる現象）とは異なる。外国人霊の霊言の場合には、霊言現象を行う者の言語中枢《ちゅうすう》から、必要な言葉を選び出し、日本語で語ることも可能である。

また、人間の魂《たましい》は原則として六人のグループからなり、あの世に残っている「魂のきょうだい」の一人が守護霊《しゅごれい》を務めている。つまり、守護霊は、実は自分自身の魂の一部である。したがって、「守護霊の霊言」とは、いわば本人の潜在《せんざい》意識にアクセスしたものであり、その内容は、その人が潜在意識で考えていること（本心）と考えてよい。

なお、「霊言」は、あくまでも霊人《れいじん》の意見であり、幸福の科学グループとしての見解と矛盾《むじゅん》する内容を含《ふく》む場合がある点、付記しておきたい。

第1章

日本よ、「捨てて、得よ」

――メドベージェフ首相守護霊《しゅごれい》の霊言《れいげん》――

二〇一九年六月四日　収録

東京都・幸福の科学総合本部にて

ドミートリー・メドベージェフ（一九六五〜）

ロシアの政治家。一九九〇年、レニングラード大学大学院で法学博士号を取得。早くからプーチンの側近として国政に関与《かんよ》し、二〇〇〇年にプーチンが大統領に立候補すると、選挙対策本部責任者として当選に貢献《こうけん》。その後、大統領府長官、第一副首相を歴任する。〇八年の大統領選においてプーチンの後継《こうけい》指名を受け圧勝。プーチンを首相に指名し、二頭体制が発足《ほっそく》した。一二年、プーチンの大統領再任に伴《ともな》い首相となる。

質問者　綾織次郎《あやおりじろう》（幸福の科学常務理事 兼《けん》 総合誌編集局長 兼「ザ・リバティ」編集長
兼 HSU（ハッピー・サイエンス・ユニバーシティ）講師）
藤井幹久《ふじいもとひさ》（幸福の科学宗務《しゅうむ》本部特命担当国際政治局長〔参事〕）
原口実季《はらぐちみき》（幸福の科学HS政経塾《せいけいじゅく》塾長心得《こころえ》）

［質問順。役職は収録時点のもの］

1 「接待外交」では何も進まない

トランプ大統領への「接待」のあと、各国首脳をどうもてなすのか

大川隆法　今日（二〇一九年六月四日）は、ロシアの首相と大統領の守護霊霊言《しゅごれいれいげん》を収録したいと思います。

六月四日は「天安門事件《てんあんもんじけん》」の三十周年なので、そちらでもよかったのですが、中国問題はすでにかなり取り上げていますし、最近は特に台湾《たいわん》との関連で取り上げているので、今はそれほどの必要性を感じてはいません。

先日、トランプ大統領が日本に来られましたが、日本は、「外交というよりは接待だ」と言われるような〝大接待外交〟をし、視聴率《しちょうりつ》も取れて、国中が沸《わ》いたと思います。

今月末にはプーチン大統領が来られて、また安倍《あべ》首相とお会いになるのですが、そのとき、どのように接遇《せつぐう》されるのでしょうか。

私には、「プーチン大統領が、『俺《おれ》も相撲《すもう》を観《み》たい』とか『炉端焼《ろばたや》きに行きたい』とか言い出したらどうするのだろうか。トランプ大統領に対して、あそこまでやったあと、どの程度、ランク差をつけて話をするのだろう」などという妄想《もうそう》が湧《わ》いてきたりするのです。

安倍首相は、プーチンさんとはもう二十五回も会っていて、次で二十六回目です。「仕事としては、やや下手《へた》かな」と感じます。二十五回も会っていたら、私なら、もう三つぐらい条約を結んでいるような気はするのですが、何も進展していないので、「何をやっているのか」とも感じます。

はっきり言って、下関《しものせき》あたりで温泉に入ったりするような接待が好きなのでしょうが、「結論」まで行かないと意味がないのです。単に接待だけだと、ビジネスマンが「営業」と称《しょう》して〝遊んで〟いるのと変わらないようにも見えるわけです。

今、皇室を使って外交ＰＲを同時にやっているような感じですが、「皇室の政治利用」ということもそうとう言われているので、次もそうなるのかどうか、今後もそうなるのかどうか、少し様子を見なくてはいけないところです。

ロシアのプーチンさんが来たあと、来年には中国の習近平《しゅうきんぺい》さんも（国賓《こくひん》として）日本に来るのでしょうから、その習近平さんが、どういう扱《あつか》いで接遇されるのかも見物《みもの》です。

皇室をあんなに出してくると、その出し方によっては、外交に皇室を過激に使っているように見えることは見えるので、（安倍首相にとって）これから頭が痛いところではないかと思っています。

腹を決めればいいのに、目配りしすぎな安倍《あべ》首相

大川隆法　今日の収録の趣旨《しゅし》は、次のようなことです。

プーチンさんの守護霊霊言は●もう五冊も出ていて、

●もう五冊も……　『プーチン大統領の新・守護霊メッセージ』『プーチン 日本の政治を叱る』（共に幸福の科学出版刊）、『日露平和条約がつくる新・世界秩序 プーチン大統領守護霊 緊急メッセージ』（幸福実現党刊）等参照。

出しすぎるぐらいであり、守護霊がかなり意見を言っているので、表面意識の代わりに言っているような感じではあると思います。

プーチン大統領が、二〇一八年に、「もう無条件で平和条約を結ぼう」と言ってきた段階で、安倍《あべ》首相は腹を決めてスパッと行けばよかったと思うのですが、いろいろなことに目配りをしすぎ、批判されるのが嫌《いや》でぐずぐずしているうちに、勝機を逸《いっ》したような感じには見えます。そういうところもあるのです。

プーチン大統領とメドベージェフ首相の考えの微妙《びみょう》な差を探《さぐ》る

大川隆法　それと、一つ盲点《もうてん》があります。プーチンさん（の守護霊霊言）は五回録《と》っていますけれども、彼の片腕《かたうで》のメドベージェフさんについては調べていないのです。

プーチンさんは、大統領を二期（二〇〇〇～二〇〇八年）やったあと、（当時の制度では）それ以上できなかったので、レニングラード大学の後輩《こうはい》であり、首相だったメドベージェフさんに一回、大統領をやらせました。そして、自分は大統領を一回辞《や》めて首相をしたあと、また大統領に返り咲《ざ》き、今もやっているのです。大阪《おおさか》府知事と大阪市長が立場を入れ替《か》え、あっちに行ったり、こっちに来たりしています。あのような〝怪《あや》しげな感じ〟のことをロシアでもやっているのですが、永久政権をつくろうとして、やっているようではあります。

現在、プーチンさんは六十六歳《さい》で、メドベージェフさんはまだ五十三歳です（収録時点）。

前回、メドベージェフさんが大統領になったのは二〇〇八年であり、十一年前なので、就任当時は四十二歳かそこらです。約七十パーセントの支持率で大統領になっているので、プーチンさんの任期が終わる二〇二四年以後も、この人がやる可能性はかなり高いだろうと思います。

おそらく、（プーチンさんとメドベージェフさんには）考えに〝微妙《びみょう》な差〟があるだろうと思うので、この差によって、もしかすると、日本が外交で翻弄《ほんろう》されているというか、(ロシアの考えを) つかめていない部分があるように思いますし、「私たちにも、つかめていない部分があるのではないか」という気がします。

メドベージェフ首相はプーチン大統領ほどの「親日」ではない？

大川隆法　メドベージェフさん自身が、どんな考え方で、どうしてくるのか、私にもよくは分からないのですが、「彼は、大統領をしていた四年間に、ロシアの大統領として初めて国後島《くなしりとう》に視察に行き、さらには、国後島と択捉島《えとろふとう》という大きな二島の軍事基地を強化して要塞化《ようさいか》した」という事実だけは、はっきり分かっています。

トップがプーチンさんではなく、メドベージェフさんだったときには、「対日の国防を考えている」ということが、すごくはっきり見えたのです。そのため、「もしかしたら、メドベージェフさんはプーチンさんほどの『親日』ではないのではないか」と感じています。

最近、日本では、北方領土に行った●国会議員に議員を辞めさせようとして揉《も》めて

●北方領土に行った……　2019年5月、北方領土への訪問団に参加していた丸山《まるやま》穂高《ほだか》衆議院議員が、「戦争による北方領土奪還」に言及したり、禁じられている「夜間の外出」を試みたりしたことが問題となり、6月6日、同氏への糾弾《きゅうだん》決議が衆議院で可決された。

おり、「戦争」という言葉を使ったとか、夜中に外出しようとしたとか、いろいろと、しょうもないことを言っています。

ロシアのほうは、メドベージェフさんが大統領だったときに、日本が返してほしかった北方領土四島のうちの二島に関し、明らかに要塞化し、拡張しているので、それほど簡単には返せない状態にはなっています。

日米安保《あんぽ》条約があるだけの状態から、日米で共同軍事行動が取れる体制に変わったため、ロシアは、いきなり島に上陸されたりするのを警戒《けいかい》しているように思われます。これは、「中国軍が尖閣《せんかく》諸島に来るんじゃないか」と日本が思っているのと同じような感じでしょうか。

ロシアにとって、モスクワは日本から遠いので、モスクワでのんびりとヨーロッパを相手にしているうちに、いきなり、「この四島は日本のものだ」と言って旗を立てられてしまうことが心配なのかもしれません。

かつて、竹島に韓国《かんこく》の李明博《イミョンバク》大統領が上陸したことがありましたが、あんな感じで、「もしかしたら、いきなり、安倍首相が、日の丸の日章旗《にっしょうき》とZ旗《ゼットき》を持って島に立ったりするようなことがあるのではないか。日米が共同で行動するようなことでもあったら、どうするか」ということを考えたのではないかと想像しています。

メドベージェフ首相はまだ若い方ですが、プーチン大統領の後継者《こうけいしゃ》になる可能性が高い人です。「リベラル派として知られ、語り口や物腰《ものごし》も柔《やわ》らか」と資料に書いてあるのですが、本当にそうかどうか、調べてみたいと思います。

さらに、「二〇一五年には、ロシアの首相として、中国や韓国を友人と呼び、北方領土の返還《へんかん》を求める日本を牽制《けんせい》した」とも言われています。

メドベージェフ首相の守護霊を招霊《しょうれい》する

大川隆法　この二年ほどにおける、日本のほうの変化としては、「北方領土の四島に関し、『日本固有の領土』という表現を使わなくなってきている」ということがあります。これは、平和条約の絡《から》みもあってのことかとは思いますけれども、実際

●Z旗　船同士の通信のために用いられる世界共通の船舶《せんぱく》信号の「Z」を意味する旗のこと。日本では、「Z」がアルファベット最後の文字であることに掛け、日露戦争時に「皇国《こうこく》ノ興廃此《こうはいこ》ノ一戦《いっせん》ニ在《あ》リ」という必勝の意味を込めて旗艦「三笠《みかさ》」に「Z旗」が掲げられたことで有名。

のところはどうなのか、訊《き》いてみたいと思います。

また、プーチンさんも、せっかく、もうすぐ日本に来るので、本当は今どう思っているのか、（守護霊に）訊けたら訊いてみてもいいかと思っています。

メドベージェフさんの守護霊とはまだ話したことはないので、もしかしたら、いわゆる霊言ができない可能性はあります。日本語や英語ならできますが、ロシア語やそれ以外の言語で来るのなら、霊言をするのは難しいのです。

その場合には、霊界《れいかい》で通訳を誰《だれ》か立てようかと思っています。（日本語や英語で）うまくいかなければ、そうします。

どんな方かは分かりません。

では、やってみますね。

綾織　お願いします。

大川隆法　（合掌《がっしょう》・瞑目《めいもく》をして）それでは、ロシアの首相をしておられます、ドミートリー・メドベージェフさんの守護霊をお呼びいたしまして、幸福の科学総合本部にて、ロシアの考え、あるいは、ご本人のお考えを伺《うかが》いたいと思います。

メドベージェフさんの守護霊よ。

メドベージェフさんの守護霊よ。

幸福の科学総合本部に降りたまいて、その心の内を明かしたまえ。

お願いします。

（約十五秒間の沈黙《ちんもく》）

2　ロシア側の事情と立場が明かされる

上月《こうづき》ロシア大使の守護霊に通訳を依頼《いらい》

メドベージェフ守護霊　フウー（大きく息を吐《は》く）。うーん。

綾織　こんにちは。言葉が分かりますでしょうか。

メドベージェフ守護霊　うーん、うーん……。Нет《ニェット》（いいえ）。うーん。ああ……。うーん。つ……、通訳。通訳、欲《ほ》しい。通訳。

大川隆法　通訳か。通訳が要《い》るようですね。

誰《だれ》にしましょうか。

昨日《きのう》も、安倍《あべ》首相と外務大臣や外務次官、ロシア大使などがロシア対策の会議をやっていましたが、上月豊久《こうづきとよひさ》ロシア大使は、私の大学時代の同級生で知り合いであり、勉強も一緒《いっしょ》にしたことがあります。ロシア大使が分からないことはなかろうと思うので、上月ロシア大使の守護霊に通訳をしてもらおうかと思います。

まあ、許可なく、申し訳ないとは思いますが、おそらくロシア語が分かるでしょう。

（合掌《がっしょう》し）では、上月ロシア大使、上月ロシア大使の守護霊よ。

メドベージェフさんは日本語がうまく話せないようなので、代わりに通訳してもらえますか。いけますか。日本に来たら、やらなければいけないでしょう。いけますか？

（約五秒間の沈黙《ちんもく》）

「まあ、八割ぐらいならいける」とは言っています。

それでは、日本語で通訳してもらいますので、どうぞお願いします。

「そんなに反日的な考えでやっているわけではない」

綾織　こんにちは。

メドベージェフ守護霊　はい。

綾織　本日は、こうした霊言《れいげん》の場に、初めてメドベージェフ首相の守護霊様をお呼びする機会を頂きまして、本当にありがとうございます。

メドベージェフ守護霊　はい。ありがとうございます。

綾織　メドベージェフ首相は、大統領も務められ、再び首相にもなられ、非常に長い政治経験を持たれている方だと思います。

そこで、まず率直《そっちょく》に、「そうしたなかで、日本に対して、どういうお気持ちを持たれているのか」というところをお伺《うかが》いできればと思います。

メドベージェフ守護霊　うーん。抽象《ちゅうしょう》的なご質問なんで、抽象的にお返事するしかないかとは思いますが、「アジアの偉大《いだい》な国だ」と思っています。

綾織　（笑）なるほど。

首相、特に、大統領時代に北方領土に訪問を……、日本側からすると「北方領土」なんですけれども、そちらに訪問をされています。

メドベージェフ守護霊　うん、うん。

綾織　国後島《くなしりとう》、択捉島《えとろふとう》に来られたという経過があるとともに、北方領土に地対艦《ちたいかん》ミサイルを配備されて、ロシアとして、軍事基地も整えてこられました。

　私たちは、そういうお仕事を見てきましたが、これについて日本としては、「やや厳しい、ロシア側の態度かな」と受け止めています。

メドベージェフ守護霊　うーん。

綾織　やはり、日本に対する、何かしらの厳しい見方というか、もしかしたら、親日ではないスタンスに立たれているのでしょうか。

メドベージェフ守護霊　うーん、まあ、そんなに反日的な考えでやってるわけではないんですけどね。

　ロシアは、旧ソ連よりは小さくなりましたけど、それでも、ヨーロッパに隣接《りんせつ》するところから極東まで、すごーく広い国ではありますのでね。だから、隅々《すみずみ》にまで、目は届いてなければいけないと思ってます。

「二島に軍事基地をつくられたら、太平洋への出口が塞《ふさ》がれる」

メドベージェフ守護霊　北朝鮮《きたちょうせん》と中国、台湾《たいわん》とか、フィリピンとか、そちらのほうに、日本のマスコミ等の目は行っていますけども、この北方領土あたりは、私たちから見れば、太平洋に出て行くための非常に大事な部分なんで。

立場を逆にして考えれば、北方四島、まあ、もともと日本の領土だったということを認めるにして、日本に無条件で返したとしても、ここに、例えば、沖縄《おきなわ》のような米国の軍事基地をつくられたら、たちまちロシアの出口を完全に塞《ふさ》がれる感じで、太平洋に出る道がですね、完全に塞がれてしまうんで。こちらはこちらで、将棋《しょうぎ》で言えば、〝詰《つ》め将棋〟みたいな感じで、王様を詰められてしまう。こっちから出られなくなる。

で、ヨーロッパのＥＵは、どちらかといえば、今、ロシアを仮想敵国として、「ロシア封《ふう》じ込《こ》め作戦」っていうのが、基本的に、ＥＵの考えはそうなんですよ。まあ、全部とは言わないけど、流れ的には、ＥＵのほうのディフェンスシステムは、基本的に「対ロシア」なんですよ。「対ロシア防衛」で考えてるんですよ。

二〇一〇年代に入ってから、スウェーデンとか、フランスとかが、再び徴兵《ちょうへい》制に踏《ふ》み切ってやっていますが、彼らが徴兵制に踏み切っている理由は、「仮想敵国としてのロシアが軍事的に拡張してこようとしている」と、あちらは、そう見てるわけですね。

だから、ＥＵ側は、対ロシアで、ウクライナのもありましたが、そういうふうに、「ロシア対策」というのを考えてる。

だから、ヨーロッパの出口のほうも塞がれて、スウェーデンあたりのスカンジナビアのほう、あちらのほうまで出られなくて、極東は、サハリンから北方四島のところまで、米軍の基地でこっちも塞がれて、両方から塞がれたら、ほんとに……、あと内陸部は、中国とか、あちらのイスラム圏《けん》の国のほうですので。

あと、北極の氷がちょっと解けてきてるから、北極航路が少し使えるようにはなってはいます。北極海を使って天然ガスのタンカーを回すぐらいはできますが、でも、軍事基地をつくられたら、そんなものを沈《しず》めるのはわけないわけで。

対中で強化された日米同盟は、ロシアにとっても脅威《きょうい》という認識

メドベージェフ守護霊　日本から見れば、中国がアジアに、例えば、南シナ海とかに飛行場をつくって、海に浮《う》かんだ空母みたいなも

ロシアの主な海上ルート

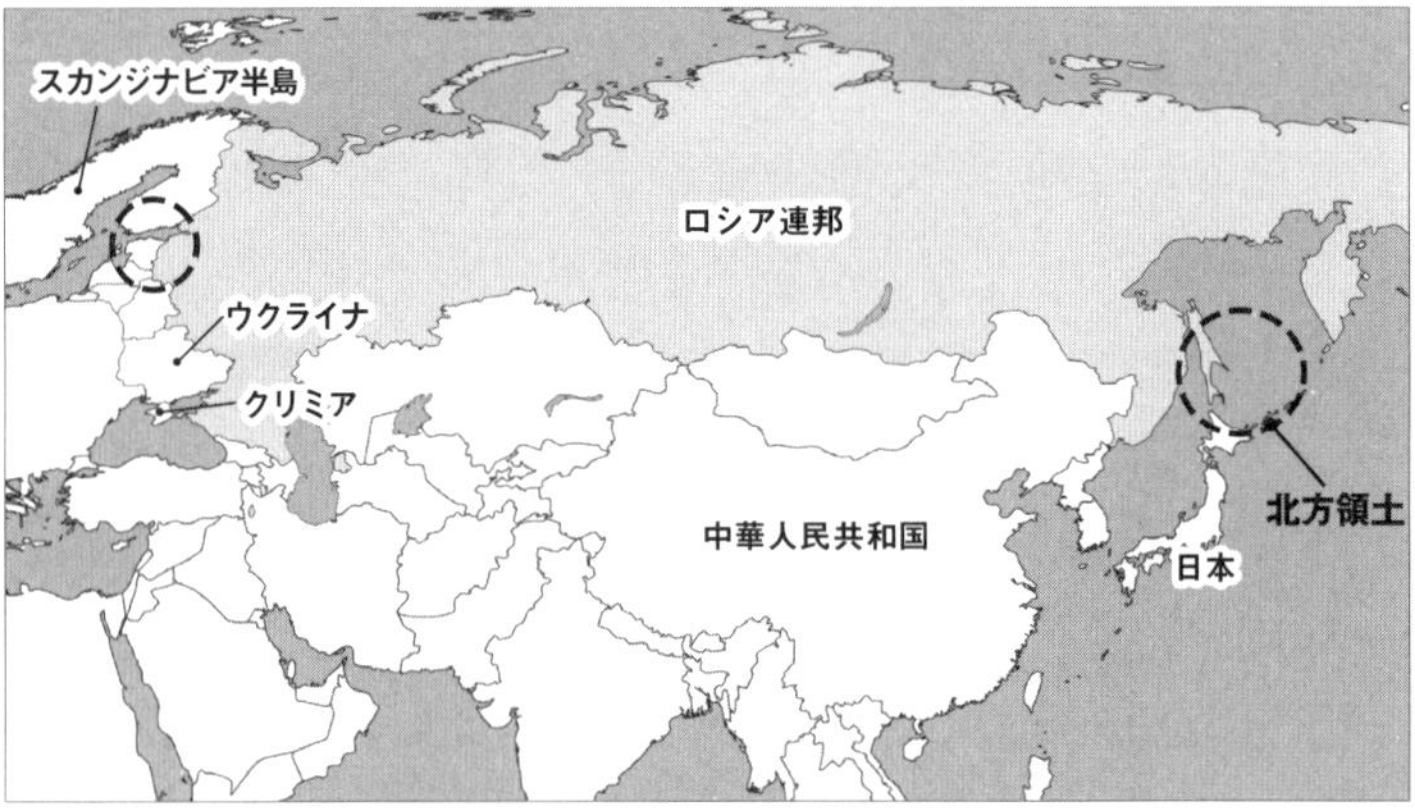

のをつくったようなもんですから、タンカーとかが、もしかしたら通れなくなる。「Taiwan《タイワン》 Strait《ストレイト》（台湾海峡《かいきょう》）」のあたりを通れなくなる可能性がありますので。

日本もこれ、「この先、困る」って思ってるけど、こちらも同じで、出口がなくなる恐《おそ》れがありますので。

そういう意味で、「日本とは友好関係を持ちたい」っていう気持ちは持ってるけれども、「日米同盟」はかなり強固で、そう簡単には壊《こわ》れないだろうと思うし、（今の）安倍さん時代に、何て言うかなあ、まあ、「アメリカが先行してやったことでも、日本はそれを助けるようなかたち」になってるじゃないですか。

今までは、日本に対する攻撃《こうげき》でなければ、日本の自衛隊は、自衛権の発動はできないと思われてたけど、今の法制度だと、米軍……。

まあ、トランプさんって、思いついたら何でもできるじゃないですか。トランプさんが、「ああ、日本の領土をロシアが勝手に取ったのか。じゃあ、取り返さなきゃいけねえなあ」って言って、急に空母を送ったり、急に爆撃《ばくげき》するとか、潜水艦《せんすいかん》を送ってくるとか、上陸……、何て言うか、強襲揚陸艦《きょうしゅうようりくかん》みたいなものを送ってこられたりしたら、たちまち大変なことになって。

でも、その場合には、日本は〝駆《か》けつけ警護〟しなきゃいけなくなるから、結局、米軍を助けなきゃいけなくなるわけで。

島を返すことで、ロシアの防衛体制は、ものすごくもろくなる可能性があるから、昔と感じはだいぶ変わった。

日本は、たぶん、中国とか北朝鮮とか、ほかの問題があって、日米共同でやれるようにしようと考えたんだろうとは善意では思っているんだけども。いや、でも、「ロシアにだって、それを使える」ということになるから。

だから、北方四島を戻《もど》すのは、そうとう難しくなってきた。

ついこの前までは、プーチンさんだって、「最低、二島は返してもいいかな」と言ってたんだけども、二島返しても、二島に米軍基地を置かれたら、あるいは、米軍と自衛隊の共同基地を置かれたら、島と島で向き合って、ミサイルを撃《う》ち合える、あるいは、機関銃《じゅう》を撃ち合えるかもしれない。大砲《たいほう》ぐらい撃てるかな。そのくらいの距離《きょり》になりますから。

そんなことがあっては、やっぱり困るからね。それをよく考えないといけないと、まあ、そういうことです。

あとは、そちら様の考えがね、何か変わってるもんがあるかどうかっていうようなことですけどね。

資源のない北方四島にロシアがこだわるのは、安全保障上の理由

綾織　主に、安全保障上の理由で、今はちょっと妥協《だきょう》できない、と。

メドベージェフ守護霊　そうです。

（北方領土に）そんな大きな資源はないとは思ってるんですけどね。海産物とかね、ちょっとしかないし、もと住んでた島民が墓参《はかまい》りしたいとかいうのは、ある程

度、認めてやりたい気持ちはあるけれども。

やっぱり、今、そうですね、ここに軍事基地を強化されたら困る。ちょっと前の、ロシアでない、ソ連邦《れんぽう》のときは、（日本の）仮想敵国は「ソ連」であって、北海道を中心に、東北の日本海側も、対ロシア用に自衛隊を展開してましたよね。それが今は、「中国寄り」のほうにシフトを変えてるところですけども、また、〝こっちに返ってくる〟のも困るんで。

まあ、日本とね、「平和条約」を結べたらいいと思うけど、それは日米同盟より強固かと言われたら……、結局、「日米同盟が優先される」ということになれば、「平和条約を結んでも無駄《むだ》になる」こともあるからね。結局、意味をなさないんでね。トランプさんが、突如《とつじょ》、狂《くる》ったら、それで終わるわけですから。

綾織　主に、アメリカへの警戒《けいかい》感が強いと感じましたけれども。

メドベージェフ守護霊　うん。まあ、それはそう。そうです。

3　安倍《あべ》首相への困惑《こんわく》と期待のポイント

「結論が出せない人と話すのは嫌《いや》」

綾織　今、トランプ政権としては、「ロシア疑惑《ぎわく》」がほぼ晴れたということで、「これから、ある程度、ロシアと組んでいって、中国や北朝鮮《きたちょうせん》と対峙《たいじ》していきたい」という流れだと思うのですが、これについてはどのようにお考えでしょうか。

メドベージェフ守護霊　それは、トランプさんも正直な人だから、「プーチンさんとは話が合う」っていうことは言ってたし、プーチンさんも、「トランプさんとだったら話ができる」っていう。

まあ、両方、独裁者的なところはあるからね。自分で決めちゃうからね。自分で決めてやっちゃうから、そのとおり。要するに、結論が出せない人と話すのは嫌《いや》なわけよ、両方ね。自分で決めたことをやれるから、相手も、そういう全権を持ってなきゃ、話にならない。

日本の首相と何回会ったって、全然、「結論が出ない」から（笑）、ほんとに困ってるし、天皇陛下《へいか》と会ったって、たぶん「何も結論がない」から。

綾織　そうですね。

メドベージェフ守護霊　どこと交渉《こうしょう》したらいいのか、日本ってまったく分からないし、安倍《あべ》さんと交渉するといったって、また、「（衆議院を）解散する」だ、「しない」だとか言い出したら、「次、誰《だれ》が（首相を）やってるか分からない」ので。もう、ほんとに信用できないですよね。

ロシアなんか、永遠に私たちのコンビが続いていきますから。

綾織　〝永遠〟なんですか（笑）。

メドベージェフ守護霊　ああ。ほぼ、死ぬまでは続いていきますから、信用できるんですよ。信用できる国なんです、ロシアは。

綾織　なるほど。

メドベージェフ守護霊　だけど、日本は信用できないんですよ。変わるから。コロッと変わるから。

プーチン氏は習近平《しゅうきんぺい》氏を見て「ロシアが中国より弱いのはよくない」と

綾織　これについては、話題として出てくるのがちょっと早かったんですけれども、

〝永遠〟というのは、どんな感じの……（笑）。二〇二四年にプーチン大統領の任期が終わります。そのあとに……。

メドベージェフ守護霊　いや、（プーチン大統領は）習近平《しゅうきんぺい》さんを見てててね、「やっぱり、ロシアが中国より弱いっていうのはよくないなあ」とは言っています。「習近平さんが、『終身制を目指す。終身皇帝《こうてい》を目指す』と言っているのに、ロシアがそんなに民主的すぎていいんだろうか？」という疑問は、やっぱり持ってはいらっしゃる。「これでは、万一《まんいつ》のときに対抗《たいこう》できないのではないか。やっぱり、頑《がん》張《ば》ってないと」と。

年齢《ねんれい》的に見たら、別に見劣《みおと》りすることはありません。向こうは、六十八、九まで来てるんでしょう、もうそろそろ。そんなになってないのかな。まあ、でも、同じぐらいの年ですよね、だいたいね（習近平氏は一九五三年六月十五日生まれ。プーチン氏は一九五二年十月七日生まれ）。

綾織　はい。

メドベージェフ守護霊　ほぼね。だから、「習近平さんがやり続けるなら、やっぱり、こっちもやらないと」という。「習近平さんが八十までやるっていうなら、わしも八十までやる」とか。

綾織　あっ、八十まで。なるほど。

メドベージェフ守護霊　うん。まあ、そのくらいの感じ。それくらいまでは狙《ねら》ってますわね。

綾織　なるほど。

二〇二四年には、プーチン大統領はたぶん七十二歳《さい》ぐらいになるんでしょうか。

メドベージェフ守護霊　まだ元気ですよ。元気で、元気でね。

綾織　鍛《きた》えていますからね。

メドベージェフ守護霊　まだまだね、「二十代の女性と再婚《さいこん》でも可能」というぐらいの元気です。

綾織　なるほど（笑）。それは素晴《すば》らしいです。

メドベージェフ守護霊　すごいですよ。体力ありますよ、まだまだね。安倍さんを投げ飛ばすのは、五秒あれば十分だと思ってる。

綾織　ちょっと噂《うわさ》で言われているのは、「二〇二四年にプーチン大統領が退任をして、メドベージェフ首相とチェンジする」と。

メドベージェフ守護霊　うん。

綾織　ただ、大統領の任期は六年なので、それを待たずして、メドベージェフさんが、一年とか、あるいは二年ぐらいで退任して、プーチンさんが大統領に返り咲《ざ》くというシナリオもあると言われています。

メドベージェフ守護霊　いや、もう、そういうことはしないかもしれない、二回もは。

綾織　あっ、そうですか。

メドベージェフ守護霊　うん。だから、法制度を変えてしまって。中国がやれるんだったら、ロシアができないわけがないから。「別に、終身制でも構わないよ」っていうふうに変えてしまえば、終わりですから。

綾織　なるほど。

メドベージェフ守護霊　できましょう？

綾織　確かに、ロシアで、憲法改正議論が始まるというニュースがあったようにも思います。

●憲法改正議論が……　2018年12月25日、ロシアのプーチン大統領とボロディン下院議長が協議したなかで、「大統領の任期延長を可能にするための憲法改正の検討をしているのではないか」との憶測が広がったと報道された。

メドベージェフ守護霊　可能ですね。
それに、プーチンさんは、最近、日本の上皇制度にも、とっても関心を示してて、「ロシアも、上皇ってあってもいいんじゃないか」っていう。

綾織　なるほど（笑）。

メドベージェフ守護霊　例えば、大統領の上に「皇帝」っていうのがいてもいいんじゃないかっていうことも……。

綾織　あっ、そうですか。ロシアは皇帝の国ですので。

メドベージェフ守護霊　そうそうそうそう。
「皇帝が復活してもいいじゃないか。大統領は選挙でやったらよくて、その上に、皇帝ってのが終身制で載《の》ってもいいんじゃないか」と、まあ、そういうことも、ちらちらと言い始めてはいる。

綾織　なるほど。そういう体制ですと、確かに八十歳まで行くと、もう二〇三〇年ぐらいまで行けると。

メドベージェフ守護霊　いや、本人は、やっぱり九十ぐらいまでは現役《げんえき》で、まだまだ。

綾織　あっ、九十歳まで。

メドベージェフ守護霊　マハティール（マレーシアの首相。九十三歳）ぐらいまでの体力はあると考えてるようではあります。

綾織　なるほど、なるほど。「ウナギのような安倍《あべ》首相は、どこをつかんだら……」

メドベージェフ守護霊　まあ、ただ、私が野心を出さなければ、ですけどね。私だって、六十過ぎたら、ちょっとは、やはり、「本物の大統領にしてくれ」ということはあるかもしれないからね。

綾織　なるほど。

メドベージェフ守護霊　その前には粛清《しゅくせい》される可能性もあるから、ちょっと微妙《びみょう》な関係なんで。今のところ、ちゃんと女房役《にょうぼう》をやってますけど。

綾織　うーん。今の時点では、プーチン大統領との関係は「いい状態」なわけですね。

メドベージェフ守護霊　うん、まあ、後輩《こうはい》だし、いつも支えてきたし、私は、まだ五十三ですからね。まだそんなに急がなくてもいいわけ。ちょっと早いぐらいなんで。

ロシアという強国ね。アメリカ以上の核《かく》兵器を持ってる〝強国のトップ〟にしては、まだ若いのでね。まあ、六十ぐらいまでは急ぐ気は、今のところないんですけどね。ええ、ええ。

綾織　なるほど。では、六十歳ぐらい、あと六年、七年ぐらいたったら、もしかしたら、野心が芽生《めば》えてくるかもしれない？

メドベージェフ守護霊　うん、まあ、そのくらいになると、彼も七十三ぐらいにはなってくるからね。腰《こし》が曲がるか、シャンとしてるか、それにもよりますわね。

綾織　おお、なるほど。では、そのへんの様子を見ながら、ということですね？

メドベージェフ守護霊　やっぱりね、いやあ、この人（プーチン大統領）は「戦う柔道家《じゅうどうか》」ですからね。もう、一瞬《いっしゅん》の隙《すき》で勝負を決めてくるんで。一秒で勝負を決めるので、勝機があると見たら、一瞬で勝負をかけてきますから。

うーん。だから、本当は、日本みたいな、〝ウナギ〟みたいな国がいちばん難しいのは難しいんですけどね。

綾織　確かに、寝技《ねわざ》風なところが……。

メドベージェフ守護霊　そう。安倍さんは、どこをつかんだら結論が出てくるのかが分かんない。接待されても、温泉に浸《つ》からされたって、それが何を意味するかは分かんないですからね（笑）。

綾織　うーん。

メドベージェフ守護霊　次、〝獲物《えもの》〟があるかどうかね。もうすぐ（プーチン大統領が日本に）来るけど。獲物がまったくないままだったら、これは行けないし。

メドベージェフ首相の守護霊が読む「今後の安倍《あべ》首相の外交と選挙の戦略」

メドベージェフ守護霊　たぶん、私たちが考えているところではですね、この日露《にちろ》交渉で何か「大きな前進」があれば、（安倍《あべ》首相は）それを〝材料〟にして、衆議院と参議院の同時選に打って出る可能性もあるかなとは思ってるんですよ。この前のトランプさんの接待だけの人気では、七月まではもたないと見ているので、もし、この対ロシアで何か大きな前進があれば、(衆参ダブル選挙は)ある。例えば、「島が返ってくる」とかになったら前進。明らかな前進で、これ、選挙をやりゃ絶対に勝てますよね。

綾織　はい。

メドベージェフ守護霊　あとは、北朝鮮から何人かでも連れ戻《もど》せたら、これも、もちろん前進ですよね。

綾織　そうですね。はい。

メドベージェフ守護霊　あるいは、今、イランにも安倍さんが行って、アメリカとの仲裁《ちゅうさい》を買って出て、ちょっといいところを見せて、アメリカに恩を売って、トランプさんをなだめる役で点数を稼《かせ》ごうともしてらっしゃる。それが選挙まで行くかどうかは、ちょっと分からないですけど。

とにかく、このロシアのところで何か〝大きな技〟がかかったら、選挙ができる可能性はありますね。

プーチン氏が発する「シグナル」に垣間《かいま》見える「日本への期待」

綾織　メドベージェフ首相の守護霊様としては、その〝獲物〟、あるいは、〝かけてくる技〟として、「こういうものだったら」というようにイメージされているものはありますか。「こういうものをかけてくるのであれば、前進できる」というものは何でしょうか。

メドベージェフ守護霊　うーん……。

（約五秒間の沈黙《ちんもく》）そうですね。だから、〝こちらから出てるシグナル〟は、よく見てほしいんですよ。

この前、つい四月の末でしたかね、北朝鮮の金正恩《キムジョンウン》が、わざわざロシアに来て、「応援《おうえん》してくれ」と。北朝鮮が主張をする、段階的な核兵器の削減《さくげん》？　段階的に一割とか二割ずつ削減していって、それに合った分だけの経済援助？「支援をして、それの引き換《か》えに、だんだん非核化していくっていうのを考えてるから、それを応援してくれ」とプーチンさんに言って、プーチンさんは、それを受けなかった。で、何もなしでの経済援助も受けなかった。で、（金正恩に）「アメリカの言うことをききなさい」と言った。

これは、日本にとっては非常にフェイバー（利益）を与《あた》える考えなんですよ。このへんについて、もうちょっと感謝してほしかったかなとは思ってるんですよ。

綾織　予想に反した、本当に驚《おどろ》きをもって受け止められたことでしたね。

メドベージェフ守護霊　本来ならね、「いやあ、君の考えも分かる」と言ってもよかったんですが、でも、トランプさんとの関係も改善したいと思ってるんですよ、プーチンさんはね。今、ロシア疑惑を追及《ついきゅう》されてるけど、ほとぼりが冷めたら。やっぱり、ロシアは今、EUからかなり干《ほ》されてるのでね。制裁とかもやられて。トランプさんは本心では、本当はロシアと友好な関係に持っていきたいと思ってるんです、本心はね。そちらに持っていきたいんで、日本にはそういうところもちょっと、そういうところの片棒を担《かつ》いでもらいたいっていうか。

綾織　うーん。

4　日露《にちろ》平和条約の枠組《わくぐ》みの具体的イメージ

「日米露の三国間合意の枠組み」のなかで「日露平和条約」を

メドベージェフ守護霊　まあ、安倍《あべ》さんはイランに行ってもいいけど、次、「トランプさん、もうちょっとロシアとも仲良くやろうよ」ということで、米露日《べいろにち》の三角関係で、もうちょっといい関係をつくることに成功すれば、物事は前進すると思う。

だから、その三角関係、「ロシアとアメリカと日本が友好的な関係をつくる」という何らかの合意、三国間合意ができて。二国間だけじゃ駄目《だめ》だと思う。三国間合意ができて、その合意の枠内《わくない》で、「日露平和条約」も結べて、かつ、国後《くなしり》、択捉《えとろふ》みたいな大きいところは軍事基地化できてるので……。

まあ、歯舞《はぼまい》、色丹《しこたん》については、もともと、プーチンさんは返す気があったところではあるので、「歯舞、色丹には、いかなる理由であれ、ロシアの領土を攻撃《こうげき》するための軍事施設《しせつ》等はつくらない」と。漁村は構わない。漁港ぐらいで、船で海産物を獲《と》るレベルの、そんな港とかね、民間的な観光とか、そんなのは発展しても構わないけど。

（ロシアが）返すなら、そういう軍事的なもの、対ロシアを封《ふう》じ込《こ》める軍事的なものについては、私たちの言葉で言えば「永久につくらない」ということ。

まあ、要するに「私たち二人が生きてる間はつくらない」っていうことですけども。そこまで合意ができれば、二島返還《へんかん》と日露平和条約を結ぶ。

もう、三国間関係のなかで合意の上で、アメリカも裏保証した上での日露平和条約を結べる。

こういうところが、私たちの持っていきたい結論です。

綾織　おお。

「自衛隊と仲良く太平洋をパトロールできれば、中朝問題も解決」

綾織　これは新しい論点です。

メドベージェフ守護霊　あ、そうですか。

綾織　日露の二カ国で、「えっちらおっちら」とやっていたところに……。

メドベージェフ守護霊　進まない。だって、アメリカが違《ちが》えば、もう、これ変わっちゃうから。アメリカが主導権を持ってるから。「ロシアけしからん」って、もう、ついこの前、制裁されたところだから。EUとアメリカと、安倍さんからも経済制裁されたんで。そういうことは突如《とつじょ》起きますから。

●制裁された……　2014年、ウクライナ国内の対立からクリミア半島が独立宣言をし、それをロシアが編入したことに対し、アメリカやEU、日本は編入を認めず、経済制裁を続けている。

私たちは、クリミアとかね、あんなのは「国内問題」だと思ってやってるけど、彼らから見りゃそうじゃないし、ＥＵにとっては脅威《きょうい》だし、アメリカもそれに便乗してしまったし。

まあ、そういうこともあるから、何を理由にされるかが分かりませんからね。

綾織　うーん。

メドベージェフ守護霊　だから、いちおう、そのへんの安全性を確かめないといけませんね。何らかの不可侵《ふかしん》性は保障してもらわないと。それで、経済的前進とかいろいろあっても、いいとは思います。

綾織　なるほど。歴史的な経過としては、日ソ共同宣言で、「二島返還」というのに合意をしたわけですけれども、結局、そのあと、アメリカから「それは駄目だ」

という話になり、日本のほうも「四島返還」という路線に戻《もど》ってしまって、それ以降は、まともな話し合いというのが、なかなか厳しかったということもありますけれども。

メドベージェフ守護霊　まあ、でも最近、この二年ほどね、日本が、「北方領土は日本固有の領土だ」って言わなくなってきたからね。だから、いちおう、平和条約への落としどころを、今、探《さぐ》ってるんだとは思うけど、どうしたらいいかが決められないでいるんでしょ?

綾織　そうですね。

メドベージェフ守護霊　選挙もあるしね。「(北方領土は)取られたままになった」って認めたら、(選挙に)負ける可能性もあるから、何かはいいことがないと駄目だし……。

綾織　なるほど。

メドベージェフ守護霊　ただ、うーん、どうなんだろう。「敵国」という認識を改めてもらえばいいわけなんですよ。

だから、ロシアの基地もあるし、艦隊《かんたい》もあるけれども、例えば、「自衛隊と仲良く、太平洋をパトロールできるような関係」になっておれば……。

綾織　ほおー。

メドベージェフ守護霊　例えば、中国や北朝鮮《きたちょうせん》の問題とか、まあ、それ以外のところもあると思うけども、仲良くパトロールできるぐらいの感じになっておれば、別にいいんじゃないですか。それは考え方ですから。

大陸国家だから防衛ラインが長いというロシアの事情

藤井　欧米《おうべい》の側から見ると、ロシアが好戦的であったり、侵略的であったりと、メディアでも報じられています。しかし、今までのお話のトーンからしますと、実際の当事者としては、むしろ防衛的というか、あまり侵略的意図というのはなくて、自国の安全保障を真剣《しんけん》に考えているだけだと。

メドベージェフ守護霊　うん、まあ、ＥＵはそう思ってないだろうけども、でも、ナポレオンに攻撃を受けたのは私たちの側だし、ヒットラーに攻撃を受けたのも私たちの側で、こちらが攻撃したわけじゃないんで。

まあ、大陸性の国家だから、基本的に護《まも》り。もう、護る面積がすごく広くて、境界線がとても長いですから、防衛はものすごく大変なことなんですよ。大変な防衛ラインなんですよ。だから、どこから攻《せ》めてくるか分からない状態では、とてもじゃないけど費用がかかってしかたがないんで。

で、君たち日本人が、たぶん、最も分かっていないと思うことは、「先の大戦で、ソビエト連邦《れんぽう》の参戦なくして、フランスもイギリスも国を存続できなかった」ということ。これは、もっと知ってほしいんですよ。

藤井　うーん。

メドベージェフ守護霊　フランスは、国をドイツに取られてたし、ロンドンも、もう落城《らくじょう》、イギリスも国が降伏《こうふく》する寸前まで行ってて。これは、まあ、もちろん、「チャーチルの罠《わな》」もあるけども、ソ連が参戦したからこそ、イギリスは国が潰《つぶ》れずに、崩壊《ほうかい》する前でとどまったし、そして、フランスを取り返すことができて。

で、アメリカの参戦もあって、ノルマンディー上陸があってドイツを攻めたし、内陸部から、ソ連側から、ドイツ、ベルリンにも攻めていって、両方から〝挟《はさ》み撃《う》ち〟にしたから、さすがのヒットラーも勝てずに負けてしまったわけですよ。

だけども、ロシア（ソ連）は専守防衛的考えがちょっと強すぎたために、日露も不可侵《ふかしん》条約（日ソ中立条約）を結んでいたために、動きがとても遅《おそ》かった。ちょっと動きは遅かったんですよ。だから、非常に押《お》されて、最後、動いていった関係なので、（ソ連の）〝獲物《えもの》〟がなかったんですよ、ほとんど。

先の大戦でねえ、ロシアは、フランスやイギリスを取り返し、日本を降参させるために参戦したんですけどね。参戦したのも、それは、●ヤルタ会談等でもありましたですけど、「ロシアが参戦したら、日本はもう白旗を揚《あ》げるだろう」ということは分かっていたから、参戦までは決めていたんですよ。

だけど、「ロシアがほんとに参戦したら、東京まで取りに来る。日本の北半分を取りに来る」と思っていたから、ルーズベルト等は、早めに原子爆弾《ばくだん》を落として、アメリカで片をつけてしまおうとして。まあ、ちょっと〝ずるこい手〟を使ったわ

●**ヤルタ会談**　1945年2月、アメリカのルーズベルト、イギリスのチャーチル、ソ連のスターリンがクリミア半島のヤルタに集まり、第二次大戦終結後のことについて話し合った会談。このとき、ソ連の対日参戦についても秘密裡に合意されていた。

けですよ。

だから、ヤルタの段階では、本来は、「ロシアとアメリカで〝日本を半分こ〟する」はずだったのに、「（アメリカが）いち早く取ってしまおうとした」っていうことで、八月になってね、慌《あわ》てて開戦になっちゃったわけだから。

そして、ロシアは二千万人の犠牲者《ぎせいしゃ》を出したんですよ。日本、死んだのは三百万人でしょ？　アメリカ、死んだのは三十万人でしょ？　でも、ロシアは二千万人が死んでいるんですよ。

あのヒットラーの暴虐《ぼうぎゃく》を粉砕《ふんさい》するのに二千万の人が死んで、それで、ほかの国を護ったんですよ。それに対して、「お駄賃《だちん》は？」って言ったら、北方領土の四島だけで。せめて北海道ぐらいはつけてほしかったけれども、北方四島だけでね。それでも、（日本は）「返せ」と言っている。だから、「何というケチなことを言うか」っていう……。

綾織　でも、日本人からすると、そこはちょっと抵抗《ていこう》があります。

メドベージェフ守護霊　あ、そう？

綾織　はい。

メドベージェフ守護霊　それから、東欧のほうは支配圏《けん》をちょっと持ったけど、全部独立されてなくなっていったしね。あとは、ソ連邦自体も、いっぱい共和国で独立されているから。

5　世界各地域で今後ロシアが取る戦略

ロシアは今後、中東情勢でどう動くか

メドベージェフ守護霊　まあ、おそらく、ＥＵやアメリカから見りゃあ、シリア内戦等でプーチンさんが〝悪さ〟をして、ちょっとかき回していると見ている。アサドの後ろ盾《だて》になって。

トランプさんも、「市民を殺している。これはけしからん」って、まあ、いちおう、公式的には言っているから。だから、シリアを、ロシアが後ろ盾でやってるから、（アメリカは）「ロシアも制裁しなきゃいけない」みたいな気持ちもある。

で、イランとアメリカも仲は悪いけれども、一戦交《まじ》えるとなったら、またロシアがイランを助ける可能性は極《きわ》めて高い。

アメリカがイランを攻撃《こうげき》した理由は、イスラエルを温存《おんぞん》したいからですよね。で、イスラエルはもう核《かく》武装をしているけど、イスラエルからイランまで距離《きょり》があるから、戦闘機《せんとうき》で攻撃するのなら、要するに、行って帰ってくるだけの燃料が足りないんですよ。空中給油機を使って、空中給油で燃料を補給して、やっと帰ってこられるレベルなんですよね。だから、イスラエルにとっても、イランを攻撃するのはけっこう難しいことは難しいんです。

ロシアが、たぶん、「そこに援助《えんじょ》に入る」と思うので。

アメリカが艦隊《かんたい》を送っているけれども、イスラエルを防衛するために、イランを攻撃できるかどうか。

中東情勢が、どのようにして極東情勢に影響《えいきょう》するか

メドベージェフ守護霊　それから、イランは「核武装をやめる」と言っていたのを、また、「する」っていうほうに戻《もど》りかかっているわけですけれども、イランが核武

装をして、他の中東の諸国が核武装をしないでいられるかっていう問題はありますよね。

だから、イランが核武装を明確にしたら、当然、近隣《きんりん》のサウジアラビアとかも核武装します。イラクはできないかもしれないけれども、サウジアラビアは核武装をします。それから、エジプトも核武装をします。間違いなくします。これは絶対するので。そこまでつながってくるんですよね。

この「中東の読み方」は、どういう駒《こま》を打つかによって、あとがとても変わってくるんですよね。中東では、その意味での紛争《ふんそう》がまだ起きることがあるので。

それが、こちらの極東のほうに、また影響《えいきょう》してきたら、北方四島の問題が軍事基地の奪取《だっしゅ》の問題になってくると、まあ、イランの問題なのに、例えば、国後《くなしり》・択捉《えとろふ》が攻《せ》め込《こ》まれることだってないわけじゃないんだよね。

あるいは、シリアのアサドが暴政を振《ふ》るって、市民にロケット砲《ほう》を撃《う》ち込みまくっているから、「あれを援助しているのは、ロシアのプーチンだろうが。ロシアはけしからん。これは制裁が要《い》る」という論理が一つ立つわけね。

そのときに、国後・択捉の軍事基地を、アメリカがＢ２爆撃機《ビーツーばくげきき》で攻撃するっていうようなことになったら、こっちも困るわけですよ。これでも制裁にはなりますからね。

だから、北海道周辺のことだけではなくて、中東やヨーロッパ戦線まで、実はすごく絡《から》んでいるわけですよ。

今見える世界的な紛争《ふんそう》の地雷原《じらいげん》とは

メドベージェフ守護霊　フランスのマクロン大統領なんかも、けっこう、対ロシア強硬《きょうこう》派なの。（ソ連に）助けてもらったくせにね。
第二次大戦で国がなくなって、われわれが参戦しなきゃ、フランス語なんかもうなくなって、みんな〝助かって〟いたのに。もう使わなくて済んでよかったのに、フランス語は復活してしまった。ねえ？

（マクロン大統領は）若いからね、三十代で（大統領に）なったから、その恩義をすっかり忘れてしまっているんでね。だから、ロシアを「仮想敵国」だと思っているわけですよ。

ドイツだって、電力があるフランスから送ってもらっていますからね。電力はフランスの原子力発電所から送ってもらっているから、ドイツだけでは工業は成り立たない。電力を他国に依存《いぞん》している。再武装も限定的で、核武装は、ドイツはできない。日本と同じようにできない状況《じょうきょう》ですからね。

こういう世界的な〝紛争《ふんそう》の地雷原《じらいげん》〟が、まだたくさんあるわけなんで。だから、単純に、二国だけで平和条約とか、島の返還とかができるかっていったら、それは、条件として何が加わったらどうなるかが読み切れないんですよ。

まあ、アバウトにはそういうことです。

第三次世界大戦の恐《おそ》れに向けての各国の「水面下の陣《じん》取《と》り合戦」

メドベージェフ守護霊　（原口に）どう？

原口　今日はありがとうございます。先ほど、いろいろな世界各国のお話があるなかで、今後の中国との関係はどうお考えでしょうか。

メドベージェフ守護霊　いや、中国もねえ、押《お》さえてるよ。押さえてるんだよ。だから、まあ、ある程度、戦勝式典みたいなのを一緒《いっしょ》にやったり、「いざというときは、中国とだって組むこともあるよ」みたいなシグナルは見せているけど、プーチンは本気じゃない。

それは、プーチンさんは、明らかに、あの中国よりも日本のほうが好きだし、ほんとは、トランプさんのアメリカのほうが好きだということです。そうなんです。

明らかにそうなんですが、でも、中国そのものも、また、ヨーロッパ、EUのほうに寄っていこうと、今、ドイツとかを取り込みに入ってるでしょ？　だから、今、すごい〝陣取《じんと》り合戦〟なんですよ。

もし、中国がEUにガバッと入っていって、切っても切れない縁《えん》までつくってしまうっていうんだったら、ロシアは、これは、やっぱり、「中国とEUの連合軍」と認識せざるをえないので。それなら、日本やアメリカとも組めるのなら、組まないと危なくなるので。だから、どう組むか。

これは、ほんと、「第三次世界大戦」にだってなりかねない陣組《じんぐ》みなんですよ。

6　ロシアの対中国戦略の中身は

冷戦時代のアメリカ、中ソ離間《りかん》と中国増強の工作

綾織　ご自身としても、中国に対する警戒感《けいかいかん》が強いと考えてよいのでしょうか。

メドベージェフ守護霊　いや、今のところ、まあ、プーチンさんが主導権を持ってるから、私の判断でどうなるわけではないんですけども。

まあ、かつては、同じく共産主義の国ではあったけれども、中ソは仲が悪くなってきて。アメリカのＣＩＡの工作もだいぶあったんだとは思うけどもね、近親憎悪《ぞうお》でね、ちょっと仲が悪くなって。

で、アメリカのほうは、ロシアっていうか、ソ連が仮想敵国で冷戦の相手だった

から、中国を強くして、これで（ソ連に）圧力を加えようとしていた面はあるんですよ。

　だから、中国を発展させてロシアの〝砦《とりで》〟にして。米中関係は貿易を大きくして、経済も発展させて、中国を豊かにして、軍事的にもちょっと強くしておけば、ロシアは、そちらの中国のほうが気になって、アメリカと戦えない。

　これは〝隣《となり》近所〟ですから、心配でできないだろうっていうので、まあ、中国を〝太らせて〟しまったわけですよ。その結果が、日本は今、中国の脅威《きょうい》で怯《おび》えているわけですね。

　だから、ほんと、いろいろ難しいんですよ。うん。

中国の今後の世界戦略と、その帰趨《きすう》を見てのロシア首脳の計算

綾織　シンプルに、日本と中国を横に並べたときに、どういう感情になりますか。

メドベージェフ守護霊　あっ、プーチンさんは日本を取る（選ぶ）と思います。

綾織　うん、はい。そうですね。

メドベージェフ守護霊　うん。私は、分からない。

綾織　分からない？

メドベージェフ守護霊　うん。条件による。

綾織　条件による？

メドベージェフ守護霊　うん。条件による。

綾織　ほう。それは、先ほどの、日本・ロシア・アメリカ、この関係ということなんですか。

メドベージェフ守護霊　いやあ、要するに、今、中国がＥＵの〝心臓部〟を押《お》さえようとしているから。ＥＵが完全に中国マネーで支配されるようになった場合は、もはや、中国はいちおう「仮想敵」と見ざるをえないので、ええ。これを破る手段がまだあるかどうか、まあ、考えなきゃいけないんですけどね。

中国は、中東の油を自分らの資源として独占《どくせん》する気はあると思うんですよ、おそらくね。そして、ＥＵのほうを、いろんな工業製品とかの貿易の相手として拡大していこうとしていると思うんですよ。

これは、アメリカだけに頼《たよ》っていたら、また、トランプさんの二十五パーセント関税みたいに揺《ゆ》さぶられるから、ＥＵのほうとも（関係を）深くしておけば、取引はそちらのほうで続けられるし。

そして、アフリカを、発展した中国の〝次の工場〟にしようとしているんだよ。アフリカに投資して、アフリカの貧しい人たちを工場労働者にして、発展した中国のために貢《みつ》ぎ物をつくらせる。これは、まあ、一種の奴隷《どれい》制みたいなものかもしれないけれども、その下の役割をアフリカに担《にな》わす。だいたいこういう考えだろうと思う。

これに対して、日本とアメリカがどういうふうに動くかが、不確定要素という考えでしょうね。

でも、私たちは、今、高みの見物も一部入っていて、どういうふうに動いたほうが国にとって有利か、まあ、見ているところもある。うん。

7　ロシア首相の気質と本心

メドベージェフ首相の守護霊の思想・信条、信仰《しんこう》の内容とは

綾織　個人的な思想・信条のところをお伺《うかが》いしたいと思います。

プーチン大統領は信仰心《しんこうしん》が非常に篤《あつ》く、ロシア正教の復活を通じて、ロシアのもう一段の強国化を目指していると思いますが、メドベージェフ首相の守護霊様は、信仰の部分について、どのようなものをお持ちでしょうか。非常に関心があるのですけれども、いかがでしょうか。

メドベージェフ守護霊　まあ、「（信仰が）まったくない」ということはない。「まったくない」ということはない。

ただ、ややプラグマティック（実用主義的）な考え方のほうが強いとは思ってます。やっぱり、「実利《じつり》がないことはしたくない」という考えのほうが強いことは強いので。

まあ、これは国の伝統ですから、そういう面を支えなきゃいけないのかなとは思ってます。プーチンさんは「日本贔屓《びいき》」にかなり入り込《こ》みすぎてる面もあるので、プラグマティックに国家の利害を考えるのが、私の役割だとは思ってます。

信仰のところは、確かに個人の自由はあると思ってはいますが、ただ、チェチェン紛争《ふんそう》みたいなのもあったし、宗教もけっこう難しいので。

国ごとイスラム教なんかに〝帰依《きえ》される〟と、確かに非常に難しい。政治的な決着だけで終わらないものがあって、永遠にくすぶるし、彼らはすぐ過激派ゲリラみたいになってくるところがあるので、国の安定を考えると、「宗教のところは、よくよく考えながらやらないといけないな」とは思っています。

もし、ロシア正教一色《いっしょく》で全部を押《お》さえるにしても、やっぱり、ほかの宗教が水面下では動くから、そう簡単にはいかないし、それを全部押しつけたとしても、ある意味で、中国の共産党一党独裁なんかと同じように見える面もあるだろうから。ロシアはまだ、そこまで多様化できるほど寛容《かんよう》ではないので。「何とか、経済的にレベルアップして寛容な国になりたい」とは思っているんだけども。

まあ、今、「日本とも友好的な関係をつくりたい」とか「平和条約をつくりたい」という気持ちも持ってるけど、日本は停滞《ていたい》し続けていますので、「放っておけば、ロシアが復活して、日本よりも大きな経済力になるかもしれない」とも言われているわけで、それで逆転してきて、「インドに抜《ぬ》かれ、ロシアに抜かれ」という関係になってきたら、日本は今みたいな強い態度ではいられなくなるかもしれませんよ。うん。

習近平《しゅうきんぺい》氏の後継者《こうけいしゃ》は、四十七歳《さい》前後ぐらいの人物

綾織　私どもは、「自由・民主・信仰が大事だ」と訴《うった》えています。そして、先ほど

の中国との絡《から》みで言うと、ウイグル、内モンゴル、チベットあたりで、信仰者が弾《だん》圧《あつ》されているような事態があり、現代の奴隷《どれい》制とも言える状況《じょうきょう》になっています。

これに対して、アメリカは立ち上がりましたし、日本も立ち上がらないといけないと思うのですが、ここにロシアが加わるのはありうることでしょうか。

メドベージェフ守護霊　中国は、ロシアというか、旧ソ連の崩壊《ほうかい》をまざまざと見てしまったからねえ。お人好《ひとよ》しのゴルバチョフが全部開けて見せたら、あっという間に国が崩壊してしまったのを、みんな見ている。だから、ロシア人たちは、ゴルバチョフをあまり尊敬していない。「国を滅《ほろ》ぼした人」だと見ているので。

そうならないように、鄧小平《とうしょうへい》が「市場原理」を導入して、政治的な国体だけは護《まも》るスタイルで、「新しい社会主義」をつくってしまった。ああいう手があるのかっていう。「市場原理を入れながら監視《かんし》社会をつくる」という、こんな芸当、普通《ふつう》できないんですけど、それをやってのけているので、われわれにとっても、中国はコウモリみたいな国で、鳥だか獣《けもの》だか分からないところがある。行き詰《づ》まるなら行き詰まってくれれば、はっきり分かるんですけど。成功するんだったら、「われわれに間違《まちが》いがあった」ということになるんですけど。うーん。まあ、ゴルバチョフのような〝お人好し〟が、中国に出る可能性があるかどうか分からないね。

習近平《しゅうきんぺい》氏は、自分のライバルになるような世代を全部片付けてしまっているので、彼の首を狙《ねら》うような人はいないです。だから、次の代は四十代ぐらいまで下がるはずで、おそらく、四十七歳《さい》前後ぐらいの人あたりが、次に……。後継者《こうけいしゃ》は、彼より二十歳ぐらい年下の人だと思いますよ。

ロシアの「日本への四つの要望」

藤井　先ほど、「日中を両天秤《りょうてんびん》にかけるように見ている」という視点を示されましたが、おそらくその理由は、「日本の政治的な意思がはっきりせず、あまり当てにならない」というのがいちばん大きいのかなと思います。

メドベージェフ守護霊　うん。

藤井　ロシア側から見て、「日本もしくは日本政府に、こうあってくれたらいいのに」という要望とか、あるいは、お考えやオファーのようなものはあるのでしょうか。経済協力など、いろいろなテーマがあると思いますが。

メドベージェフ守護霊　一つは、北極海が、そうとう氷が解《と》けて、船が通りやすくなってきたからね。天然ガス等も運びやすくなっていますから。

やっぱり、イラン情勢その他を考えたら、中東からの石油タンカーで、中国の近所を通って日本に運んでくる路線は、けっこう危険度が高まっていますから、「北極海航路から日本にエネルギー資源を送るルートを開く」というのが、いちばん目先、考えられることではありますわね。

あとは、もちろん「投資」ですよね。日本からの巨額《きょがく》の投資が……。まあ、ロシアの極東部分等への大きな投資によって、産業がもう一段、繁栄《はんえい》するスタイル。これも考えられるし。

もう一つの役割は、日本と組むことによって、ＥＵの封鎖網《ふうさもう》のところを解除していかなければいけない。日本とつながっていれば、ＥＵと完全なぶつかりまでは行かないと思っているから、「日本とつながること」で、ある意味での抑止力《よくしりょく》になると思うんですよ。

日米同盟じゃないけども、日露《にちろ》関係が正常化することで、ＥＵが「仮想敵」として戦う相手にはならない感じ。日本も、ヨーロッパ各国にはいっぱい入っていっていますし、イギリスともまだ関係は続くだろうとは思うから。

トランプさんは「イギリス」と「ＥＵ」を割ろうとしているけども、割れても、日本は両方とたぶん付き合うだろうと思うので、ブレグジット、イギリス独立によるリスクは、日本と組むことによってかなり回避《かいひ》されると思ってはいます。
ただ、日本も、もうちょっと発展していかないといけないかな。このまま衰退《すいたい》していって、発展途上国《とじょうこく》に抜かれていく感じになったら、よくないのではないでしょうかね。インドネシアやバングラデシュ、インド、メキシコとかに抜かれ始めたら、駄目《だめ》でしょう。

ロシアをG8《ジーエイト》に戻《もど》すべき理由

綾織　大川総裁は、先般《せんぱん》の講演会のなかで、「ロシアをG8《ジーエイト》に戻《もど》すべきだ。これを日本から提案すべし」という趣旨《しゅし》の話をされています。

メドベージェフ守護霊　日本はそもそも（クリミア併合《へいごう》に対する）制裁に加わっちゃいけなかったんですよ。「EUが全員加わるなら、みんながゴーなら一緒《いっしょ》に」と

●先般の講演会……　2019年5月14日の幕張《まくはり》メッセでの講演「自由・民主・信仰の世界」。『自由・民主・信仰の世界』（幸福の科学出版刊）参照。

いうのは日本的だけど、安倍《あべ》さん、あのとき哲学《てつがく》がなかったね。何もなかった。まったく何も考えてなかったね。たぶんね。

あれ、ちょっと考えてくれたほうがよかったな。先のことを考えていれば、もうちょっと、何て言うか、それこそイランとの関係じゃないけど、ＥＵとの仲立ちになって、「両方と話をしてみる」みたいなこともしてくれれば、よかったですけどね。

●Ｇ８　日本、アメリカ、イギリス、フランス、ドイツ、イタリア、カナダにロシアが加わった８つの先進国のこと。2014年のウクライナ情勢を受け、ロシアが資格停止となって以降はＧ７となっている。

8　「宇宙人」発言の真意と真相

宇宙人の存在に言及《げんきゅう》してニュースに、その真相は

綾織　そろそろ時間ですけれども、少し毛色《けいろ》の変わったテーマについてお尋《たず》ねします。首相時代の二〇一二年、インタビューで答えられた話として、「大統領に就任すると、特別なファイルを受け取ります」と。

メドベージェフ守護霊　うん。

綾織　「それは、地球にやって来ている宇宙人に関するものです」と。

●二〇一二年……　2012年12月、メドベージェフ首相は、テレビのインタビュー収録後、キャスターに、「大統領に就任すると、前任者から、核のボタンと共に、地球に来た宇宙人に関する『極秘ファイル』を引き継ぐ」などと明かし、話題となった。

メドベージェフ守護霊　ハハハ（笑）。

綾織　「宇宙人情報を管理しているロシアの特殊《とくしゅ》機関が用意したものです」と。
そのように、けっこうはっきりと答えられまして、かなりのニュースになって報じられたのですが。

メドベージェフ守護霊　私も若いからねえ。けっこう、そういうことを平気で言っちゃうところがあるんでね。

綾織　なるほど。ロシアのなかにもいるわけですよね？　宇宙人が……。

メドベージェフ守護霊　いやあ、宇宙のレベルでは、ロシアとアメリカが最先端《さいせんたん》ではありますからね。だから、宇宙人が「関係を持ちたい」と思えば、「アメリカやロシアあたりと関係を持ちたい」と思うわね、それは。
まあ、そういう〝Xファイル〟はあるよ。うん。

綾織　実際に、いろいろな技術をもらっていたりするわけですね？

メドベージェフ守護霊　うーん、それはクラシファイド（機密扱《あつか》い）されてるから、ちょっと、そう簡単には言えないけどね。
中国も、今ちょっと動きがあるので。宇宙にも〝派閥《はばつ》〟はあるから、どの国がどこと関係が深いかは、お互《たが》いよく分からないので。うーん。
最新兵器等は、少し、宇宙からの協力等を得ているものがあるようには思いますよ。いろんなところでね。

綾織　なるほど。

米露英仏中《べいろえいふつちゅう》に比べて、宇宙人情報が後《おく》れている日本の現状

メドベージェフ守護霊　（原口を指して）あんた、せっかく座《すわ》ってるのに。さみしいじゃない。

原口　幸福の科学の霊査《れいさ》では、ロシアやアメリカ、中国に宇宙人が入っていることが明らかになっていますが、ロシアとつながりのある宇宙人の方は、アメリカや中国に入り込《こ》んでいる宇宙人の方とどういう関係にあるか、ご存じでしょうか。

メドベージェフ守護霊　宇宙旅行、日本はちょっと後《おく》れてるけど、有人宇宙旅行をしたら、もうUFO目撃《もくげき》情報なんかいっぱいあるのよ。それを一般《いっぱん》に公開すると、みんなショックを受けるから隠《かく》してるけど、どこもね。だけど、接近遭遇《そうぐう》の例はたくさんあって、研究もそうとうしてはいるので。

あなたがた日本は、「平和が大事だ」という〝お題目《だいもく》〟で、軍事技術を否定したり、ただ「専守（防衛）、平和」と言ったりしているけど、宇宙人との接近遭遇をしたら科学技術的に負けているので、「もう一段、急がなきゃいけない」というのは、先進国、少なくとも国連の常任理事国たちは、みんな知ってることなんですよ。

日本は能天気に考えてないけど、彼らが本気で占領《せんりょう》する気で来た場合、どうするの？　米露《べいろ》、中国ぐらい、あと、英仏《えいふつ》ぐらいしか対応できるところはないんだけど、うーん。

だから、日本はすごく〝開国〟が後れてるよ。そこねえ、ちょっと、しっかりしないと。

綾織　貴重なアドバイスをありがとうございます。

メドベージェフ守護霊　有人宇宙飛行をするレベルまで行かないと、その情報共有ができないんですよ。今のレベルでは。残念だけど、その認識がないから。

綾織　そのあたりで、もう少し連携《れんけい》をしていきたいとは思います。

9　安倍《あべ》首相よ、執着《しゅうちゃく》を捨て、真の国益を得よ

安倍首相が最後に打ち上げるべき「花火」とは

メドベージェフ守護霊　君たち、何か得ることばかり考えるけど、何かを得たけりゃ何かを捨てなきゃいけないよ。

安倍《あべ》さんは選挙で勝つことばかりに執着《しゅうちゃく》してるから、何も得られないでいるのよ。いずれ首相は終わりが来るんだからさあ、やっぱり最後に、〝打ち上げ花火〟を打ち上げたらいいのよ。

だから、「日露《にちろ》平和条約を結べたら、もういつ引退してもいい」というぐらいの気持ちでいれば、日本にとっては不利益なことでも、平気でやれると思うのよ。悪口をさんざん言われたらいいのよ。

私、ちょっと詳《くわ》しく分からないけど、大叔父《おおおじ》さんなのか、お祖父《じい》さんなのかよく知らないけど、総理をやっていたご先祖様？

綾織　岸《きし》（信介《のぶすけ》）さん？

メドベージェフ守護霊　岸さんかな。日米安保《あんぽ》改定のために、右翼《うよく》に刺《さ》されたり、退陣《たいじん》もしたようなことがあったよね。意志を通してね。

同じように、「日露平和条約を結ぶためだったら、自分は売国奴《ばいこくど》と呼ばれても構わない」という気持ちで、例えば、北方領土四島の放棄《ほうき》宣言をしてしまうとかね。これは絶対、右翼からも左翼からも攻撃《こうげき》されるに決まってます。「でも、構わない」と。「ロシアと友好関係になれるなら、日本の将来にとっては、このほうが大事だと思う」と。「これをきっかけにして、経済交流や、さまざまな産業界の交流をもっと深めていきたい」と。「自衛隊は、ロシア軍を敵視し、仮想敵にするのではなく、ロシアと共同でアジアの防衛に当たれるようになりたい」と。「アメリカとロシアが戦争をしないように、日本は常にその調停をする役割を担《にな》う」と。この程度のところまで踏《ふ》み切ってこなければ、厳しいかな。

綾織　ありがとうございます。重要な対中戦略だと思います。

メドベージェフ守護霊　うん。

メドベージェフ首相の過去世《かこぜ》とは

綾織　最後、短くて結構ですけれども、キリスト教徒でいらっしゃいますので転生《てんしょう》輪廻《りんね》は分かりにくい概念《がいねん》かもしれませんが、過去世《かこぜ》というものがあるとすれば、お教えいただけないでしょうか。お伺《うかが》いしていると、何となく過去世もロシアの方なのかなという印象を受けたのですが。

メドベージェフ守護霊　うーん。やっぱり少し分かりにくい感じがあるねえ。でも、私は、どちらかというと、ヨーロッパ系だったのではないかと思うんですが。

あんまり十分な認識がなくて、宗教団体にお話しするには十分ではないので、申し訳ないですが、やや寒いほうのヨーロッパのような気がしますね。

綾織　北欧《ほくおう》系なんですね？

メドベージェフ守護霊　うーん。そっちのほうかなあ。うんうん。

綾織　王室にいらっしゃったのでしょうか。

メドベージェフ守護霊　うーん……。次の大統領になったときに、また訊《き》いてくれませんか。今は、そんな偉《えら》い人がいたとか言ってもしかたがないので。
何か北欧系のヨーロッパ人のようには思う、過去世については。もっと昔と言われたら、アメリカの……、アメリカのどこかは分からないけど、うーん、中南米かもしれないが、どこか、そのあたりにいたような気がすることはする。

綾織　それはマヤとかアステカとか、そのくらいの昔でしょうか。

メドベージェフ守護霊　あのあたりに見覚えがちょっとある。何かユカタン半島あたりに見覚えがちょっとありますね。

綾織　政治的な魂《たましい》であり、もしかしたら、宗教的な面も少しあるのかもしれないという感じでしょうか。

「ロシアと仲良くしておいたほうが絶対有利」と念を押《お》す

メドベージェフ守護霊　プーチンさんほど日本通《にほんつう》ではないので、ちょっと話ができないけど、アバウトに、あなたがたが考えてることや言ってることは理解できます。で、今、中国や台湾《たいわん》問題、あるいは北朝鮮《きたちょうせん》問題等がいちばん〝頭が痛い〟内容なんでしょ？　でも、ロシアと仲良くしといたほうが絶対有利ですよ。どう考えても。

中国だって、ロシアとはやりたくない、戦いはしたくないのは分かってるし、北朝鮮なんか、ロシアが敵側だったら、もはや打つ手がない。アメリカが前から来て、後ろからロシアだったら、もう詰《つ》んでますよ。将棋《しょうぎ》なら詰んでいるので。

「ロシアとの関係をよくする」ということは、そんなね、小さな利益とは関係がないものだと思うんですよ。島なんて、魚介類《ぎょかい》がちょっとあるぐらいで、ほとんど何にもありませんから。観光資源だって、大した観光資源でも何でもないので。

まあ、ちょっと、勇断したほうがよろしいんじゃないですか。日本には、島が浮《ふ》上《じょう》しているところもあるから、そっちで（国の）面積が増えたらいいじゃないですか。

綾織　はい。ありがとうございます。日本とロシアは、それぞれの国益の観点からしっかりと手を結べるということが分かりました。

メドベージェフ守護霊　私は今のところ「補助者の役割」なので、断定的なことは言えないから、そっちはプーチンさん（守護霊）に訊いてもらってください。いいかな。

綾織　はい。

メドベージェフ守護霊　（原口を指して）プーチンさんの嫁《よめ》、どう？　駄目《だめ》？

原口　（笑）（会場笑）

メドベージェフ守護霊　急がないと、いけないよ。

綾織　前向きに……、はい（笑）。

メドベージェフ守護霊　「好きだ」「好きだ」と言い続けたら、そうなることもあるからね。

綾織　はい。

大川隆法　では、メドベージェフさんの守護霊、ありがとうございました。

綾織　ありがとうございます。

10 霊言《れいげん》を終えて

── 温和なところがあったメドベージェフ首相守護霊

大川隆法　上月《こうづき》ロシア大使（の守護霊）よ、通訳での協力、ありがとうございました（手を一回叩《たた》く）。

とりあえず、メドベージェフさんの分は、これで終わります。ありがとうございました（手を三回叩く）。

綾織　ありがとうございます。

大川隆法　確かに、温和なところもある方だから、そんなに強硬《きょうこう》な感じではないですね。

綾織　はい。非常に分かりやすい議論です。

大川隆法　「話が分かるタイプの人」であり、確かに、補佐《ほさ》役になるだけのことはあります。プーチンさんが安心して、「大統領を務めても、それを戻《もど》してくれる」と思うだけのことはありますね。

綾織　はい。

大川隆法　大統領になったとたんに豹変《ひょうへん》する人だっていますからね。

綾織　そうですね。

大川隆法　「よく仕えるタイプの人」ではあるのでしょう。

ただ、「六十を過ぎたら、多少、野心があるかもしれない」というところでしょう。プーチンさんも頑張《がんば》らないといけませんね。

第2章

日本よ、腹をくれ！

――プーチン大統領守護霊《しゅごれい》の霊言《れいげん》――

二〇一九年六月四日　収録

東京都・幸福の科学総合本部にて

ウラジーミル・プーチン（一九五二〜）

ロシアの政治家。レニングラード大学法学部を卒業後、旧ソ連のソ連国家保安委員会（ＫＧＢ）等を経験。エリツィン政権の末期に首相となった後《のち》、「強いロシア」を掲げ《かか》げて大統領を二期（二〇〇〇〜二〇〇八年）務める。いったん首相に戻《もど》ったが、二〇一二年三月、一八年三月の大統領選に共に勝利し、通算四期目の大統領に就任。親日派であり、柔道家《じゅうどうか》としても知られる。

質問者

綾織次郎《あやおりじろう》（幸福の科学常務理事 兼《けん》 総合誌編集局長 兼「ザ・リバティ」編集長
兼 ＨＳＵ〔ハッピー・サイエンス・ユニバーシティ〕講師）

原口実季《はらぐちみき》（幸福の科学ＨＳ政経塾《せいけいじゅく》塾長心得《こころえ》）

藤井幹久《ふじいもとひさ》（幸福の科学宗務《しゅうむ》本部特命担当国際政治局長〔参事〕）

［質問順。役職は収録時点のもの］

1　プーチン氏とトランプ氏の「意気投合ポイント」とは

プーチン守護霊《しゅごれい》を招霊《しょうれい》する

大川隆法　では、プーチン大統領も六月末に日本に来ますし、トランプさんの扱《あつか》いを見た上で来るのでしょうから、守護霊《しゅごれい》に現在の本心を訊《き》けたら、ありがたいと思います。

時間が十分ではないので、簡潔に行きます。

（合掌《がっしょう》・瞑目《めいもく》をして）それでは、六度目になりますが、ロシアのプーチン大統領の守護霊に、来日を前にしてのご本心を語ってくださいますよう、お願い申し上げます。

プーチンさんの守護霊よ。

「私は柔道《じゅうどう》の観戦で、名誉《めいよ》審判《しんぱん》で出してほしい」

プーチン守護霊　うっしゃっ！　うっし。

綾織　こんにちは（笑）。

プーチン守護霊　うっし。うっし。

綾織　あの……。

プーチン守護霊　私は、柔道《じゅうどう》の観戦に行きたいなあ。うん。

綾織・原口　（笑）

プーチン守護霊　やらないかなあ。

綾織　観戦ですか。

プーチン守護霊　うん。私はねえ、もう、観覧席で観《み》たいとかは言わない。名誉審《めいよしん》判《ぱん》とかでどうかね。

綾織　あっ、審判で。

プーチン守護霊　ああ。出してほしいなあ。

綾織　なるほど。来年、東京オリンピックもありますし。

プーチン守護霊　違《ちが》いを出したい。

いやあ、トランプさんの体格だったら、裸《はだか》になって相撲《すもう》を取ったらよかったのに。海水パンツを穿《は》いて。

綾織　トランプさんもプロレスをやられて……（笑）。

プーチン守護霊　海水パンツを穿いて、相撲を取ったら、いいエキシビションになったのにね。惜《お》しいね。うーん。

綾織　まあ、安倍《あべ》首相が、トランプ大統領に接待攻勢《こうせい》をかけたということです。

プーチン守護霊　接待だね、あれね。ほんとにねえ（笑）。もう、一緒《いっしょ》にお風呂《ふろ》にでも行ったらよかったのに。銭湯《せんとう》に行って、背中を流し合ったりして、カメラで撮らせたりしたら、もっと親密な関係に見えたんじゃないの。

綾織　はい（笑）。

EUは今、「中心部が弱っている」

綾織　単刀直入《たんとうちょくにゅう》にお訊きしますが、G20《ジートゥエンティ》で六月末に来日されるわけですけれども。

プーチン守護霊　うん、うん。

綾織　（安倍首相はプーチン大統領と）これだけ何回も会談しているので、「いいかげんに、そろそろ技《わざ》をかけてくれ」ということだと思うんですけれども。

プーチン守護霊　ああ、もう厳しい。厳しいなあ。でも、やっぱり能力がちょっと足りないんじゃないかな。

われわれも、まあ、大して頭はないんだけど、レニングラード大学法学部は、もうちょっとレベルが高いよ。もうちょっとだけ、何か「判断する技術」ぐらいは教えてくれるからさ。

安倍さんは、何か「判断力」がちょっと落ちるなあ。

綾織　安倍さんとしても、今年の夏の参院選を前に、ロシアを非常に重要な要素として考えていますので。先ほど、メドベージェフ首相の守護霊様は、「もう、日・米・露《ろ》、この三国で進めるんだ」とおっしゃっていました。

プーチン守護霊　いや、トランプさんだってね、私たちはほんとは意気投合《いきとうごう》しているんですけどね。

綾織　はい。

プーチン守護霊　だけど、伝統的に、冷戦関係にあったから警戒《けいかい》している者もいるし、ＥＵとの関係も難しいところもあるけど、トランプさんはＥＵからイギリスが独立するのに賛成して、今、イギリスに行ったりして。それで、ＥＵから離脱《りだつ》するのに、違約金《いやくきん》を五兆四千億だか何か知らんけども払《はら》わなきゃいけないんでしょ？

綾織　はい。

プーチン守護霊　（トランプ大統領は）「私だったら払わない」って言っている。イギリスを唆《そそのか》しているね。「五兆円以上を踏《ふ》み倒《たお》せ」って言っているんで。これは、ＥＵは怒《おこ》るわね。そういうことを平気でする人だから。

まあ、「ＥＵからイギリスを切り離《はな》してくれる」っていうことは、私たちにとっては、そんなに不利なことではない。イギリスも、一つの力ですからね。

あと、メルケルも弱ってきているから。ドイツが弱くて、フランスの力も弱いから、もうＥＵの中心が、ちょっと弱ってきている感じですよね。パラパラになるかもしれませんね。〝弱者連合〟になってるから。

綾織　はい。

プーチン守護霊　まあ、どうするかねえ。われわれは、世界をデザインするものだからね。

綾織　うーん、なるほど。

プーチン守護霊　ええ。どうするかも決められるので。

「ロシアゲート問題？　そんなものはない」

藤井　せっかくの機会なのでお伺《うかが》いしますが、アメリカで、ロシアゲート問題をずっと延々とやっていて……。

プーチン守護霊　ああ、長いね。

藤井　ようやく、ほぼ終息《しゅうそく》したかなと。

プーチン守護霊　うん。そんなものは「ない」んだよ。

藤井　ええ。

プーチン守護霊　もともと、ないんだよ。

藤井　日本のメディアも、けっこうそのまま報道していたので。せっかくですので、ロシアの当事者として、コメントを頂ければと。

プーチン守護霊　いや、何もないよ。そんなものはないよ。

まあ、「プーチンさんは、トランプさんがお好きなんでしょう?」って、みんなが思っている。「ああ、そのとおりです」という、それだけのことですよ。

だから、トランプさんが（大統領に）なってくれたほうがやりやすいなとは思ったから、心情的にね、「トランプさんがなるといいね」って、私は思っていたし。

だから、〝忖度《そんたく》政治〟が働いて、多少、アメリカに影響力《えいきょうりょく》を持った人たちもいっぱいいるからさ、「トランプさんが不利な戦いのなかで勝てるように、できることは何かな」って、忖度して動いた人が、ちょっといたかもしれないけれども、そんな、国家的な計略とか、そんなようなものがあってのことじゃないから。

あれは、細《こま》かいことをマスコミは言いすぎて、国益を損《そこ》なっていますね。

藤井　結果から見ると、ある意味で中国を利するだけの、米露の離間《りかん》工作だったのではないかという感じもします。

プーチン守護霊　そう。そうそうそう。

だから、ロビイストたちは、もう、ほんとにスパイの、何て言うの、〝銀座《ぎんざ》一丁目〟ですからね。ほんとに、もう、大変ですから。

アメリカのマスコミがね、やっぱりちょっとおかしいですね。何か、改選期を迎《むか》えようとする大統領に、まだ最初のころの恨《うら》み？　自分たちの予想を外した恨みを、まだ忘れていないみたいな感じ。

転生輪廻《てんしょうりんね》を受け入れて、日本の大川隆法総裁が言っているように、（トランプ氏は）ジョージ・ワシントンの生まれ変わりだと周りが認めて、もうちょっとおとなしくなったらいいんですよ！

実際、「タイム」か「ニューズウィーク」だったか忘れたけど、何か、トランプさんがジョージ・ワシントンの格好をした表紙になったよね？　一回（注。「The《ジ》 Economist《エコノミスト》」二〇一七年一月二十一日号の表紙に掲載《けいさい》された）。

綾織　はい。記事で出ていたのではないかと思います。

プーチン守護霊　記事かなあ。何か、私は表紙でやっていたような気がするが、記事のなかだったかな。

とにかく、ジョージ・ワシントンのかつらを被《かぶ》ったトランプさんが出てきたから。いちおう知ってはいる

●ジョージ・ワシントンの……　『守護霊インタビュー ドナルド・トランプ アメリカ復活への戦略』（幸福の科学出版刊）参照。

んでしょう、情報としては。

綾織　そうですね。そういうふうに受け止める人、予測できる人はいますよね。

プーチン守護霊　うーん。それなのに、宗教的知識が未熟なために、よく分からないでいるんでしょうから。

2 露朝《ろちょう》首脳会談、裏の裏

金正恩《キムジョンウン》氏との会談で、完全に「トランプ氏側の対応」をした真意

綾織　この何カ月かのニュースとして非常に大きかったのは、プーチン大統領が金《キム》正恩《ジョンウン》委員長と会われたニュースなんですけれども、これが、一般《いっぱん》の予想に反して、「核《かく》の完全な放棄《ほうき》をやらないといけないんだ」と。「だから、制裁を緩《ゆる》めてはならんのだ」ということを言われて、完全にトランプさん側と同じ主張をされたことが伝えられていました。

プーチン守護霊　うーん。

綾織　この真意というのは、どういうところにあるのでしょうか。

プーチン守護霊　まあ、金正恩の頭では、たぶん分からないと思うんだけどね。私たちが何千発も核兵器を持っていて、自分たちが何十発か？　まあ、せいぜい四十発ぐらいだろうけれども、その核兵器を持っている、核ミサイルを持っているぐらいのことで、「それをなくせ」とか言ってくるのを、たぶん理不尽《りふじん》に思うんでしょ？

「自分らは何千発も持っていて、余っているぐらいなのに、こちらは数十発ぐらいを防衛のために持って、何がいけないんだ。応援《おうえん》してくれよ」と、まあ、そういうことなんでしょう。

それが、話が通じない部分だけど、いちおう私らは、ロシアの〝国内オンリー〟の政治をやっているつもりはないんで。いちおう国際政治のなかで生きているものだからね。やっぱり、その（人口）二千五百万ぐらいの北朝鮮《きたちょうせん》が、いい国か悪い国かぐらい？　それを国際社会がどう見ているかぐらいは、こちらは分かっていますからね。

あそことつるんで一緒《いっしょ》になりたくはないわね。そらあ、その程度は……。

金正恩《キムジョンウン》氏の「内心の恐怖感《きょうふ》」と「北の体制転換《てんかん》後の処遇《しょぐう》」とは

プーチン守護霊　もし、金正恩《キムジョンウン》が外交をやって、世界各国へ自由に行って、殺されることもなく、いろんな国に行ってほんとに見ていたら、考え方はもうちょっと変わると思うけど、まあ、恐怖《きょうふ》でいっぱいだからね。

綾織　はい。

プーチン守護霊　恐怖で、もう、自分らが行けるところは限られているんだからね、もう、ほんっとに行けるところは限られている。

で、中国にだって、根本的にはもう見放されてはいるわけなので。「もうこれ以上付き合っても、いいことは何もない」と、中国も見放してはいる段階なんで、味方はもういないのよ。

だから、あとは、いかにこう……、明治維新《いしん》で言えば、「幕府が、どういうかたちで負けるか」みたいな、要するに「負け方だけ」なのよね。

だけど、自分の命乞《いのちご》いをしているからね。「体制の維持を保証しろ」って言うんでしょう？　だけど、「保証する」っていう国は、ほんとは一国もないんですよ。交渉《こうしょう》の材料としてだけ、それを聞いているふりはしているけど、金体制を維持しながらね、今までやった悪事を暴《あば》かずにいられるようなことは、ありえないんで。

綾織　はい。

プーチン守護霊　蓋《ふた》を開ければ、もう〝無茶苦茶《むちゃくちゃ》な国〟ですので。九〇年代から、ものすごい数の人が、飢饉《ききん》とかの飢《う》えで死んできているし、今もそうですからね。今だって、おそらく、二千五百万の人口のうち、一千万は飢えている人たちですよ。だから、ほんとは反乱が起きてもいいけど、反乱するだけの気力、体力もないっていうか。

綾織　そうですね。

プーチン守護霊　「食糧《しょくりょう》」もなく、「武器」もない状態ですよね。だから、空中から武器を落としてやったら、ほんとに反乱が起きるかもしれない。食糧と武器を、ヘリコプターで落としてやってもいいぐらいなんだけど。

だから、もう、〝速攻《そっこう》〟で北朝鮮問題を解決したかったら、（日本は）本当に、それこそ条件なしでロシアと近づいたほうが無難《ぶなん》だと思いますよ。

私たちも、北朝鮮に協力する気は全然ないけれども、ただ、ロシアを批判したり、経済制裁したり、いろいろ国際社会から「のけ者」にしたりするような勢力が働くんだったら、一部、その〝異物《いぶつ》〟もね？ あったほうが何となく分かりにくくなるので、〝置いている部分〟はあるんですけどね。

とにかく、私の考えとしては、（北朝鮮の）体制はやっぱり倒《たお》さなきゃいけないでしょう。あれを温存させて、根本的に人間の考え方を変えるなんて、不可能な話ですよ。それができるぐらいの人だったら、西側世界に自分が「トップ外交」で行けますよ。

綾織　はい。

プーチン守護霊　でも、行けないでしょう？ 行ったら殺されると思ってるからね。だから、その恐怖心でつくった国なんですよ。〝恐怖心の産物〟で、ああいう核ミサイルもつくっているんです。

だけど、アメリカと撃《う》ち合って、そんな勝てるはずもなく、日本人を無駄《むだ》に殺したら、それを国際社会が許してくれるわけもありませんので、結局、役に立たない核ミサイルなんですよ。それよりは、もう放棄して、「無血開城《むけつかいじょう》するから、援助してくれ」と、はっきり割り切って決断すれば、まだ助かる可能性はある。

だから、彼らに政権を委《ゆだ》ねることは、たぶんないでしょう。ただ、核兵器を全《ぜん》廃《ぱい》して、そして支援を得る。「国民が一千万人以上は飢えているから、これを飢えないように援助してくれ」と。「その代わり、自分の亡命を認めてくれ」と。このあたりが、許される最低限の交渉レベルですね。どこか亡命を受けてくれる国、まあ、スイスあたりですかね。「亡命させてくれ。その代わり、国民は助けてくれ」と。このくらいが、受け入れられる限界ですね。

首脳会談で金正恩《キムジョンウン》氏に言った内容とは

綾織　そのへんは、実際に、地上のプーチン大統領は（金正恩《キムジョンウン》氏に）伝えられているのでしょうか。

プーチン守護霊　いやあ、そこまで面と向かっては言えないけれども、「君たちの主張を受け入れるのは無理だろう」と。

「ロシアが、食糧をやったり、あるいは、核兵器（の廃棄）をゆっくりと段階的に、時間を稼《かせ》いでやってよく、それで体制維持を保証するというようなことをロシアがすると君たちが思っているなら、それは国際情勢をかなり見誤っているんじゃないか」というようなことは、言いました。

具体的なところまでは言えないけどね。だけど、今、許されることは、もう「無条件での核兵器の廃絶」と、その代わり、「飢えている一千万の人たちに対する食糧の人道援助」、および「経済インフラの復活」。

および、もうあとは、（金正恩氏は）朝鮮の政治家としては、おそらくは暗殺されますから、栄養をつけた国民は、反乱して、鎌《かま》を持って当然殺しに来ますので、まあ、「亡命しかない」んですよ。
だから、スイスかどこか、受け入れる国を決めていただいて、「受け入れてくれれば、亡命します」という、このあたりが条件だな。あと、金一族の一部は連れていけるかもしれないけど、（北朝鮮に）残って、大統領をやるとか、首相をやるとかいうことは、無理ですね。

南北朝鮮《ちょうせん》は、欧米日《おうべいにち》レベルから見れば、話し相手ではない

プーチン守護霊　ただ、「韓国《かんこく》に北朝鮮《きたちょうせん》を全部委《ゆだ》ねて、取らせる」っていうのも、これは、アメリカをはじめ、日本も、ほかのヨーロッパも、みんな〝危ない〟と思っていて、それは一緒です。

綾織　そうなんですね。なるほど。

プーチン守護霊　認識的には一緒で、核兵器が付いたまま、北朝鮮を韓国に支配させるなんてことは絶対許さないから、「核廃絶」と言っているんですよ。だけど、文在寅《ムンジェイン》は、廃絶しなくてもいいので（笑）。ちょっとパフォーマンスで、一部、そういう方向を見せればよくて、あとは計画だけ見せれば、それで許して援助に入りたいという。

綾織　はい。

プーチン守護霊　焦《あせ》ってるよね。すごく焦ってる。だから、トランプさんと会っても一、二分で追い返される。もう話すことはないからって。

だから、どっちも、北の金正恩も、文在寅も、欧米《おうべい》レベル、日本レベルから見れば、話し相手じゃないんですよ、レベル的には。やっぱり、残念だけど、世界のリーダーとしては認められないレベルだということです。それに惑《まど》わされることは、われわれはありません。

3　日米首脳会談、互《たが》いの事情

トランプ氏の訪日時に安倍《あべ》首相が呑《の》まされた内容とは

綾織　この一、二カ月の動きとしては、米中の冷戦、貿易戦争がかなり激しくなってきて、全面衝突《しょうとつ》の状態……。

プーチン守護霊　面白《おもしろ》いね。

綾織　面白い？

プーチン守護霊　君、どうなると思う？　こちらが〝取材〟しようか。

綾織　（笑）

プーチン守護霊　どうだ、「ザ・リバティ」。どうなるんだ？（米中が）二十五パーセントずつ関税をかけ合ったら、いったい、世界はどうなるんだ？

綾織　中国の経済は、もう完全にガタガタになっているので、中国が弱いですよね。アメリカのほうは、この一、二年で経済を強くしてきているので、横綱相撲《よこづなずもう》ができる状態だと思います。

プーチン守護霊　日本の経済は、じゃあ、どうなんだ？（日米の関税が）両者二十五パーで、どうする？

綾織　日本の貿易黒字が、この一カ月、二カ月ぐらいでガタ落ちになっているので、日本への影響《えいきょう》は大きいですね。

プーチン守護霊　参院選が終わった八月には……、あるいは、トランプさんが会談後にエレクションズ（選挙・複数形）と言っていたから、衆参両院選が七月にあるのかもしらんが、そのあとには、〝アメリカにとってはいい数字〟で、〝日本にとっては悪い数字〟、貿易の条件の数字が出るんだよね。

綾織　そうですね。

プーチン守護霊　トランプさんは、それを発表する予定なんだよね。晋三《しんぞう》に（選挙に）勝たせるために、それを今、伏《ふ》せてくれている。ゴルフの間にそれを、ハンバーガーを食いながら約束しているわけですよ。

綾織　なるほど。

プーチン守護霊　日本にとっては不利な、経済的にはマイナスの情報が、八月にはアメリカからツイッターで発信されることになるわけですよ。だから、「ダブル選」になるんじゃないかと、みんな言っているわけね。「そのあとだったら、選挙をやったら（与党《よとう》が）負ける」ということだから。

日本の産業が、かなり厳しい目に遭《あ》うので。自民党の票田《ひょうでん》である農業・漁業系も、まあ、ガタガタだけれども、それ以外のところ、企業《きぎょう》も、そうとうなダメージを受ける案を、「安倍《あべ》さんはもうすでに呑《の》んでいる」ということですよ。

綾織　おお、呑んでいると？

プーチン守護霊　うん。間違《まちが》いなく呑んでいる。

綾織　うーん！　それは大きいですね。

プーチン守護霊　もう〝釣《つ》り針〟はかかっている。もうかかっているんですよ。それまでに、今、何ができるかだけです。

綾織　なるほど。出ているのは、ある程度の数量的な目標みたいな話でしょうか。

プーチン守護霊　もう、はっきり出ているんです。

綾織　あとは、円高の方向へ舵《かじ》を切るというところ……。

日本は自動車であれだけ攻《せ》め込《こ》みながら、なぜアメリカの農産物ぐらい買えない？

プーチン守護霊　だけど、日本も考えなきゃいけないんだよ。日本みたいに、戦後、荒廃《こうはい》して、もう、焼け跡《あと》になった国がさあ、アメリカのまねをして自動車をつくって、自動車王国になってさあ、自動車王国のアメリカに、逆にトヨタとか、日産とかが売り込んでくる。アメリカ人が、その日本車に乗っているような時代になって、ここまで攻《せ》め込《こ》んでおいてだよ？　「アメリカの牛肉、オレンジ、その他の農産物を買え」って、もう、発展途上《とじょう》国みたいなことをアメリカは言っているわけだから。

「農産物ぐらい、せめて買ってくれ」って言っているのを、これを買わないんだったら、いったい何を買うんだっていうことになるわね。

綾織　なるほど。これが選挙後に出てくるということですね。

プーチン守護霊　出てくる。〝悪い話〟が、もう八月には出る。だから、（安倍さんは）その前に解散したほうが有利かどうかを、今、一生懸命《いっしょうけんめい》に詰《つ》めているわけ。

綾織　なるほど。

プーチン守護霊　だけど、その前に、また〝プーチン案件〟があるから、「プーチンが何か、いい〝クリスマスプレゼント〟でもくれたら、急に話が変わるかもしらんし」とか。

それから、安倍さんは、首相在任日数の最長を目指しているからね、それを考えると、解散しないでじっとしていたほうがいいような気もするしね。

綾織　うーん。

プーチン守護霊　まあ、そういう意味で、心は揺《ゆ》れているだろうね。

綾織　なるほど。非常に、日本の政治情勢にも詳《くわ》しくていらっしゃいますね。

プーチン守護霊　それは、よく分かっている。よく分かっているよ。

綾織　アドバイスはありがたいですけれども。

プーチン守護霊　もう全部、掌《てのひら》に乗せているように分かっているよ。全部、分かっている。俺《おれ》が総理をしてもいいぐらいだよ、本当に。兼任《けんにん》しようか？

綾織　（笑）本当に、お願いしたいぐらいですけれども。

プーチン守護霊　うん。「ロシア大統領 兼 日本国総理」って悪くないな。やってもいいよ。代行でもいいけど。

綾織　（笑）そうですね。いろいろなアドバイスは、もう、すでに頂いていますけれども。

プーチン守護霊　もう、できるんだよ。（日本が）やったらいいことは分かっているんだよ。

だけど、判断力がないんだよ。日本は、本当に、〝権力の真空地帯〟でね、誰《だれ》がいったい判断しているのかが、さっぱり分からん。

私が信用できているのは、大川隆法さんの本だけです。一貫《いっかん》しているから、言っているとが。変わらない。彼は変わらないから。

希望としては「二〇二四年」以降も大統領を続けたい

綾織　やはり、日本で非常に注目されているのが、「二〇二四年以降、ロシアはどうなるのだろう」ということです。

プーチン守護霊　ああ、大丈夫《だいじょうぶ》。私が、まだ大統領をやっているから。

綾織　(笑)大丈夫ですか。

プーチン守護霊　ええ。大丈夫ですよ。

綾織　大統領を続けられる?

プーチン守護霊　ええー……、いや、いや、いやあ（笑）。

綾織　どういう状態なのでしょう？

プーチン守護霊　要は、希望として。希望としてはね。

綾織　ああ、希望としては。

プーチン守護霊　今の制度としては、できないけど。

綾織　はい。そうですね。

プーチン守護霊　希望としては、先ほどもあったように……。

綾織　まあ、先ほどは、（メドベージェフ首相守護霊の霊言《れいげん》で）「皇帝《こうてい》を新しくつくる」とか、「上皇」という言葉もあったんですけれども（笑）。

プーチン守護霊　それは、〝ジョーク〟も入っているけれどもね。

綾織　あっ、そうですか（笑）。

プーチン守護霊　ただ、やっぱり、実質上、もう面倒《めんどう》くさいじゃない。

綾織　面倒くさい？

プーチン守護霊　「もう一回、首相になって、また戻《もど》る」なんて、もう。ねえ？　大阪《おおさか》府みたいで嫌《いや》だからさあ。こんな恥《は》ずかしいこと、何度もは、したくはないよね。もう、どうせ、自分が権力者なんだからさ、「特例」をつくりゃ終わりじゃない？

日本と同様、憲法にないことを法律で決めてやってみたい

プーチン守護霊　日本だってやっているじゃないの。憲法改正なんかしていないじゃない。「法律」で全部やっているじゃない。自衛隊は、法律でつくったんでしょ？

綾織　そうですね。

プーチン守護霊　それから、「上皇制度」なんて、憲法に載《の》っていないじゃない。

ねえ？　でも、上皇が法律でできちゃうんでしょ？　みんな、法律で全部やっちゃうんだからさ。
だから、もう、憲法なんて要《い》らないじゃん、本当はね。こちらも、これ、同じまねをしたら、できるわけですから。法律で、「皇室典範《てんぱん》」のロシア版をつくればいいわけですから。

綾織　なるほど。

プーチン守護霊　「皇帝典範」というのをつくって、新しい皇帝のあり方を書けば、それで終わるわけですよ。

綾織　なるほど。では、日本の側も、二〇二〇年代のプーチン大統領か、プーチン皇帝に、少しだけ期待しながら……。

プーチン守護霊　いや、「皇帝」も悪くないね。久しぶりにね。

綾織　はい、久しぶりに。

プーチン守護霊　うん、復活。悪くないね。

綾織　はい。少しだけ期待したいと思います。

幸福実現党を叱咤激励《しったげきれい》する〝ロシア疑惑《ぎわく》〟？

綾織　ただ、私どもも、やるべきことは頑張《がんば》っていって、幸福実現党が……。

プーチン守護霊　うーん……、いやあ、君ら、勝てよ、ちょっとは。早く勝って。

綾織　はい。頑張ります。

プーチン守護霊　いやあ、情けない。ちょっと、君らと話しているとさ、もう今すぐにでも、世の中を動かしそうな気がするのに、実際は何だ？　足が遅《おそ》くて、実動戦力がね、何か、「運動会で、いっつもビリで走っている」みたいな感じじゃないか。

綾織　そうですね。

プーチン守護霊　なあ？

綾織　まあ、今年（二〇一九年）は、参院選がありますので。

プーチン守護霊　いや、「私が、こうやって言っている」ってこと自体、トランプ大統領にとっては、「ロシア疑惑《ぎわく》」みたいなもんだからさ。

綾織　（笑）

プーチン守護霊　それは、そうなんですよ。

綾織　まあ、そうですね（笑）。

プーチン守護霊　「幸福実現党をロシア大統領が応援《おうえん》している」なんて、これ、「ロシア疑惑」ですよね。

綾織　まあ、これだけ蜜月《みつげつ》ですと……。

プーチン守護霊　こんなことがあっては、公職選挙法に違反《いはん》する可能性がある。「もしや、仮想敵になるかもしれない国の大統領が、幸福実現党を抱《だ》き込んでいる」ということは、「これは、スパイ養成所なのではないか」とか、疑えるからね。

綾織　そうですか。かすかに、「選挙介入《かいにゅう》」みたいなことを考えていただいてもよいのかと思います（笑）。

プーチン守護霊　わしが応援したって、票にならないんだろ？　大してなあ。

綾織　いえ、いえ。

プーチン守護霊　だから、「丸め込まれて、島を取られた」って言われるぐらいのことだろうからさ。

綾織　いえ、いえ。やはり、これは、お互《たが》いの国益として大事ですし、「対中戦略」上も大事ですので。

プーチン守護霊　うーん。まあ、「釈《しゃく》党首も、まだ、現役《げんえき》の独身をやっている」という話だから、一回、〝婚活《こんかつ》パーティー〟をやるとか。

綾織　なるほど。そういう手もありますね。

プーチン守護霊　うん。別に、親交を深めるだけですからね。日露《にちろ》のパーティーを、婚活パーティーをやって資金を集める。悪くないね。

綾織　はい。（釈党首には）「ロシアに行かれる」というプランもあったので、選挙後になるかもしれませんけれども、ちょっと真剣《しんけん》に考えたいと思います。

プーチン守護霊　君たちの党は、「女性が多い。非常に、日本でいちばん活躍《かつやく》している党だ」と聞いているので、ぜひとも、先進国の先陣《せんじん》を切って頑張っていただきたい。

少なくとも、安倍さんよりも結論が早く出るとは思うんだがなあ。

綾織　そうですね。はい。

4　安倍《あべ》首相の仕事・外交、メッタ斬《ぎ》り

日本の元首は誰《だれ》？　決めるのは誰？　分からない……

プーチン守護霊　（安倍《あべ》さんは）どうにかならないかなあ。もう、周りを官僚《かんりょう》に囲まれて、ほかの議員にいろんなことを言われて、がんじがらめで、ほぼ動きが取れないんだろう？

綾織　そうですね。

プーチン守護霊　「お言葉」じゃないけれども、首相の言葉も、もうみんな、官僚が書いて、みんながチェックして、「問題ない」と言ったものしか言えないんだ

ろ？　たぶんな。

綾織　私たちは、次の選挙、参院選に向けても、「ロシアとの連携《れんけい》」を、しっかりと訴《うった》えていきたいと思います。

プーチン守護霊　（笑）「ロシアとの連携」で勝てないかな？　やっぱり、若干《じゃっかん》、弱かったかな？

綾織　いや、いや。

プーチン守護霊　やっぱり、トランプさんに、幸福の科学に来てもらうべきだったなあ、一回。それは、東京正心館《しょうしんかん》に来てもらって、ひとつ、「友好スピーチ」をやってもらうべきだったね。

綾織　うーん。「日米露《にちべいろ》の連携」というのは、分かる人には分かりますので。

プーチン守護霊　分かる？

綾織　はい。これは伝わると思います。

プーチン守護霊　いや、それはね、私、本心では、もっと親密になりたいけど、ちょっと、客観情勢がね。

やっぱり、マスコミが悪さするからさあ。裏ばっかり考えるんですよ。「必ず裏があって、何か、金銭が動いているか、何か、陰謀《いんぼう》がある」と、陰謀史観を必ず持っているんでね。

でも、私も本音でかなり言っているし、トランプさんも基本的には〝本音《ほんね》人間〟

だよね。
大川総裁も、本音でけっこう言って、裏を隠《かく》さないから。
まあ、本音で話をする人が話をすれば、簡単に、決まっちゃうものは決まっちゃうんですけどね。

綾織　はい。

プーチン守護霊　ただ、日本は、元首が誰《だれ》かも分からないからさあ（笑）。新しい天皇・皇后は、まるで元首のように晩餐会《ばんさんかい》を開いて、アメリカの大統領をお見送りしたかと思えば、首相は、アメリカの大統領と一緒《いっしょ》に、「空母にする」とかいう護衛艦《かん》に降り立ってみたり、何か怪《あや》しい動きをしていて、何だかよく分からないんだよね。「誰が決めるの？」っていうところ、これが分からない。

綾織　ありがとうございます。今日は、メドベージェフ首相の守護霊様が……。

プーチン守護霊　主役なんだね？

綾織　中心でございましたので。関係性は悪くない、と。

プーチン守護霊　悪くはない。

綾織　「非常に支えられる関係」ということで、少し、これからのロシアとの関係も見えてきたところがあります。

「ザ・リバティ」は「四島放棄《ほうき》しても安倍《あべ》続投でよい」と書いては

プーチン守護霊　いやあ、あと、だから、もう一手、教えてやろう。

「ザ・リバティ」はね、世間《せけん》が全然信用していない〝格の高い〟雑誌だから、世間の、要するに、マスコミのレベルが低いために、『ザ・リバティ』が、もう鶏群《けいぐん》の一鶴《いっかく》である」ということが分からない。

だけど、国民は知っている雑誌だから、「ザ・リバティ」が言ったらいいんですよ。「北方四島を放棄《ほうき》したって、安倍《あべ》さんは続投でいいですよ」って書いてやったら、もう、勇気百倍で、やっちゃうかもしれない。

綾織　うーん……。続投ですね？　まあ、ちょっと、迷いが出ますけれども。

プーチン守護霊　出る？　ああ！　君、それは、やっぱり弱いなあ。

綾織　（苦笑）弱いですか。

プーチン守護霊　それは、産経新聞と手を切らなきゃいけない。

綾織　なるほど。分かりました。ちょっと、そのへん……。はい。

プーチン守護霊　やっぱり、多少、〝餌《えさ》〟は要《い》るよ。餌はね。

綾織　はい。では、それも……。

プーチン守護霊　（安倍さんとは）二十六回目の会談。こちらも、〝もう反吐《へど》が出る〟けどね。「何回、この顔を見たらいいんだ」と思うよね。

綾織　ぜひ、「日米露」で会談していただくのがよいかなと思います。

プーチン守護霊　私とかさ、トランプさんとかさ、もう、〝核《かく》兵器のボタン〟を持って旅行している人間から見たら、そうした「決められない人間」というのは信じられないわけだよ。

（こちらは）「撃《う》て」って言ったら、もう本当に撃つんだから。

綾織　そうですね。

プーチン守護霊　うん。ミサイルを、世界中、どこにでも撃てるのでね。だから、そういう人間と交渉《こうしょう》しているので、（日本には）交渉する相手がいないんだよ。日本の首相も、天皇陛下《へいか》も……。雅子妃《まさこひ》が決断してくれるのかどうか知らないけどさ。

綾織　まあ、そうかもしれません。

プーチン守護霊　うん。分からないけど。いや、「どこが決断するの？　いったい」っていう。

だから、君たちが本当に、少なくとも、与党《よとう》の連立政権にでも入ってくれていりゃあね、もっと言うことを信用できるんだけどなあ。

綾織　分かりました。非常に重要な声援《せいえん》を頂きましたので、頑張《がんば》ります。

日米安保《あんぽ》が今後、拡大し、カバーしていく範囲《はんい》はどこまでか？

プーチン守護霊　だから、ロシアのほうは、防衛上の観点から、今ね、ちょっと……。「日米安保《あんぽ》」は、どこまで、これ、拡大してやる気か。もっともっと拡大する気でいるんでしょ？

おそらく、南シナ海まで拡大するし、おそらく、ペルシャ湾《わん》まで「日米安保」は拡大されていくんだろうと思うから。

それなら、サハリン地区、あのへんだって、当然、対象にはなるわな。

綾織　はい。「北のほうは日露でやる」ということでよいと思います。

プーチン守護霊　そのへんのところを、ちょっと一つ、〝太い線〟をピシッと引いて、やっぱり、「日露の関係は壊《こわ》さない」という。

まあ、昔、（日本とソ連は）不可侵《ふかしん》条約を結んでいて、（ソ連が）破っちゃったけどね。でも、あれは、日本にも悪いところはあるからさあ。

何か、戦争をやめないからさあ。あれだけ焼け野原になっていて、戦争をやめないからさあ。

だから、日本も東京は焼け野原になったのに、（アメリカは）皇居だけは空襲《くうしゅう》しなかったんだろう？　それは、そこを爆撃《ばくげき》したら、もうあと、終戦ができないから、

（天皇を）〝インディアンの酋長《しゅうちょう》〟だと思って、生き残らせていたんでしょ？　おそらくね。

だから、そろそろ、「もう一歩」を踏《ふ》み出すときが来ているんじゃないかな。

綾織　はい。G20《ジートゥエンティ》前に重要なメッセージを頂きました。ありがとうございます。

安倍《あべ》首相は「在職日数」ではなく、「仕事内容」で名を遺《のこ》せ

プーチン守護霊　まあ、あとは、安倍《あべ》さんと何ができるかね、もう。イランに行って、それで次は、あれかい？　「シリアで、アサドにおとなしくするように言ってくれ」とか、そんなことを言うのかい？　うーん……。

綾織　（「日露平和条約」については）「もう、今、決めないと終わりですよ」ということを言っていただいてよいと思います。

プーチン守護霊　うーん。安倍さんね、（首相の）「在職日数」だけで歴史に名前を遺《のこ》したいのかもしれないけど、やっぱり、在職日数じゃなくて、「仕事」で名前を遺さなきゃいけないよね。

だから、「日露平和条約」を結んだ首相なら、名前は遺るよ。なあ？

綾織　はい。そうですね。

プーチン守護霊　うん。佐藤栄作《さとうえいさく》さん（元首相）の「非核三原則」みたいな、何か、「（核兵器を）持ち込《こ》ませず、何とかかんとか」という、あんな〝嘘《うそ》〟のやつでノーベル（平和）賞をもらってるけどさ。実際は、核兵器は持ち込まれていた、日本にはね。

だから、嘘でノーベル賞をもらった人はいるけどさ。安倍さんも、ちょっと、歴史に遺ることを何かやってほしいなあ。

綾織　確かに、「日露平和条約でノーベル（平和）賞」というのはありえますよね。

プーチン守護霊　うーん。ありえる、ありえる。

あとは、「EUとイギリスの（関係）を、どういうふうにするか」ということも、日本はどっちにつくか、絶対、また迫《せま》られるから。

そしたら、どっちにもいい格好をしたい。「皇室は、イギリスの王室とは関係があるから、皇室外交としてはイギリスと続けたい」「内閣はEUとつながりたい」とか、もしかしたら、こんなことをするのかも……。

綾織　ああ、それは、ちょっと〝危険〟ですけれども。

プーチン守護霊　するかもしれないけどね。

綾織　はい。ありがとうございます。

プーチン守護霊　いや、（日本は）もうちょっと判断ができる人を持ちたいなあ。イランなんかでも、あれは……、ホメイニ師じゃなかった、それは古かったわ。「何とか師」みたいなのが、大統領をやったり首相をやったり、いろいろしているんだろう？　何かね。そういうのと安倍さんは会うんだろう？

綾織　はい。

プーチン守護霊　だから、「宗教家兼《けん》政治家」でしょう。そういう意味では、日本も、「大川師」でいいじゃない。「大川師が発言された」

って、それでニュースを流したら、そのとおりになるようにすりゃあいいんじゃないの？

だから、君らの伝道が足りないから、そんなことになっているんだよ。

綾織　はい。ありがとうございます。そのへんにつきましては、もう、しっかりと受け止めて頑張ってまいります。

プーチン守護霊　でなければ、「ザ・リバティ」が（売上）一千万部ぐらい達成するかだな。

綾織　そうですね。それも頑張ります。

安倍《あべ》首相を「見切る」かどうか、六月は「最後の会談」

プーチン守護霊　あと、私から引き出せる〝スクープ〟は、もう、そんなにないかもしらんけど。今回は、もう、「安倍《あべ》さんを見切るかどうかの最後の会談」かもしれない。

綾織　なるほど。分かりました。

プーチン守護霊　いや、だから、〝落とそう〟と思えば〝落とせる〟んだよ。だからねえ、「中国と、もうちょっと、パイプを太くするかもよ」って一言つぶやいたら、それでもう、これ、激震《げきしん》だから。

綾織　確かに、●この（二〇一九年）六月に、習近平《しゅうきんぺい》氏は、G20の前にロシアを訪

●この（二〇一九年）六月に……　習近平国家主席は、6月5日から7日にかけてロシアを国賓《こくひん》訪問し、第23回サンクトペテルブルク国際経済フォーラムに出席する。

問するので、非常に危険なタイミングだと思います。これは、やはり、日本が決断しないといけないところです。

プーチン守護霊　そうだよ。だから、「日本もアメリカも、もう全然進まない」ってなったら、中国とロシアがつながっているだけでも、両国とも生き残れるからね、少なくとも。

綾織　はい。そうですね。

プーチン守護霊　両方合わせれば、けっこうな力ではあるからね。だから、その場合に、ロシアは、心ならずもだね、「中国がアジア諸国を植民地化し、アフリカを植民地化し、ヨーロッパを金融《きんゆう》で牛耳《ぎゅうじ》る世界」の実現に〝加担〟しなきゃいけないかもしれない。

私は、それで天国へ行けるんだろうか？　大川総裁から、「それは、いけない」という声が聞こえてくるんだよな。そういう悪事をさせないでほしいんだよな。

綾織　はい。

プーチン守護霊　悪事をさせないためには、（日本は）ちゃんと、早く物事を決めていくことが大事なんじゃないかな。

綾織　分かりました。日本にとっては、「決断のとき」であるということですね。

プーチン守護霊　うん。もう、そんなに長くないよ。安倍さんは、先延ばしばっかり考えてるけど。そう長くないよ。もう二十六回、もういいよ。もう、そろそろ、いいよ。

綾織　はい。ある意味での最後通牒《つうちょう》を頂いたと思います。

プーチン守護霊　そう、そう、そう、そう。

安倍《あべ》外交が「ミスの連続で、何もうまくいっていない」理由

プーチン守護霊　だからねえ、(安倍《あべ》さんは)もう、(トランプ大統領と)大相撲《おおずもう》観戦をやって悦《えつ》に入《い》っているんだろう。もう、「これで支持率が上がって、皇室外交も始まって、この令和のムードでガーッとまだ勝てる」と思っておるんだろう。だけど、実際、外交は、もう、「ミス、ミス、ミス、ミスの連続」で、何もうまくいっていないんだよね。分かる？

ロシアとの交渉もうまくいっていないし、中国とは、もう、米中の貿易戦争が始まっていて、間に入《はい》っていいことなしで、どうしたらいいか分からなくて、おろお

ろ。台湾が「助けてくれ」って言ったって、知らぬ存ぜぬで、言葉尻《じり》を捉《とら》えられちゃいけない。

綾織　ええ。

プーチン守護霊　「ウイグルで弾圧《だんあつ》されている？　ほおーっ。ウイグルってどのへんにある国なんだろうな。知らないなあ。昔、（日本は）ユダヤ人を助けたことがあるんだけどな。どこにあるんだろうね」みたいな感じで済ませているんでしょう。

だから、そんな外交でねえ、得点は一点も入っていないんだよ。

だから、この前、（トランプ大統領を）接待して、ゴルフをして、ハンバーガーを食って、炉端焼《ろばたや》きを食って、ね？　接待して、国民の前に見せた。まあ、これだけなんだよ。

綾織　そのとおりですね。

プーチン守護霊　で、外交的には何もない。「仲良くしているから、いざというときはアメリカが助けてくれるでしょう」という印象を与《あた》えた。で、実質は何もなかった。こういうことなんだよ。

安倍《あべ》首相が〝憲法破りの名人〟である理由

プーチン守護霊　まあ、もちろん、アメリカの戦闘機《せんとうき》を買うとかね？　あるいは、憲法改正もせず、国会で議論もせず、護衛艦の「かが」に降りて、「これを空母に改造する」っていうの、アメリカの大統領臨席の下《もと》に発表して、アメリカの後ろ盾《だて》で、憲法改正も国会の議論も抜《ぬ》きにして、空母を増やすっていうのをやってのけたりしてみせた。

だから、安倍《あべ》さんは〝憲法破りの名人〟だよね、まあ、その意味ではね。

「上皇制」だって、憲法にない、ねえ？　いちおうないんだね、役職が。今、「何も憲法に縛《しば》られていない上皇」っていうのがいるんだよ、これ。何をするか分からない。

あっ、上皇と交渉しようか？

綾織　（笑）

プーチン守護霊　ロシアに来ていただいて。うん。

綾織　まあ、そう見られてもおかしくないですね。

プーチン守護霊　「上皇の独断により、『日本はこうあるべきだ』と、元〝象徴《しょうちょう》〟は言っている」ということでもいいかもしれない。

綾織　もう本当に耳の痛いところばかりで、私どもとしては、それをしっかりと訴えていきたいです。

プーチン守護霊　ただ、こんな状態で、決定権がなく、判断もなく、ずっと続いていくんだったら……、まあ、私が脅《おど》しをかけるとしたらね？　「もう、習近平・中国に属州として吸収されて、判断してもらえ」と言いたくなる。

綾織　なるほど。はい。分かりました。

プーチン守護霊　だから、「ハワイの次の州になりたいか、あるいは中国の属州になりたいか。朝鮮《ちょうせん》半島と同時に、両方とも……。台湾、朝鮮半島、日本は、どこの州になりたいか、省になりたいか、もう決めなきゃいけない時期が近づいてるかもしれないよ。知ってるかい?」って。うん。

綾織　分かりました。もう、そういうところまで追い込まれているんだという現状だということですね。

プーチン守護霊　そうだよ。国際政治的にはそうだよ。

綾織　はい。確かに、おっしゃるとおりです。

プーチン守護霊　うん。だからねえ、(質問者の)藤井君かい?　彼一人で国際政治を回せると思ってるなら甘《あま》いですよ?　それはねえ、そんな甘いもんじゃありませんからね。

私たちは核ボタン持って移動しているんですからね。一緒じゃないんですよ。

だから、そうとうな力を持って、熱意を持って交渉に当たらないと、国際関係を変えることはできないですよ。うん。

5 「ロシアが中国を滅《ほろ》ぼせる」理由

核《かく》兵器の数は、四百発vs.何千発

綾織　ありがとうございます。本当に、貴重なお話を伺《うかが》えました。

プーチン守護霊　ついでに言っておきますけども、北朝鮮《きたちょうせん》のことは自由にできるとも言いましたけど、ロシアが本気になれば、中国を滅《ほろ》ぼすことはできますからね。

綾織　中国も？

プーチン守護霊　いちおう、それも滅ぼすことだってできるんで。

綾織　ほう。

プーチン守護霊　中国は、核《かく》兵器は四百発しか持っていない。

綾織　はい。

プーチン守護霊　こちらは何千発と持ってるので、撃《う》ち合ったら、うちが勝つんです。

綾織　なるほど（笑）。

プーチン守護霊　分かってる？　分かってる？

綾織　分かりました。

プーチン守護霊　うん。だから、「日本の平和」にとっては非常に大事なことなんだよ。

綾織　そうですね。はい。

プーチン守護霊　「ロシアは、北朝鮮だけでなく、中国の核兵器も無力化できるんだ」ということ。「米国だけでなく、ロシアと仲良くなることで、中国の核兵器を無力化できるんだ」っていうこと。

少なくとも、中国は、南沙《なんさ》諸島周辺の国々を属国にしようとしていくだろうけれども、「ロシアと日本が結んでおけば、日本を属国にすることはできなくなる」ということは言えるんだよ。

綾織　ありがとうございます。もう、北方領土よりもはるかに重要な観点です。

プーチン守護霊　大きいよ？　〝大きいこと〟でしょう？

綾織　はい。

「四島放棄《ほうき》ならロシアは核《かく》ミサイル五十発で日本防衛」とでも言うか

プーチン守護霊　例えば、「北方四島を放棄《ほうき》する代わりに、日本を防衛するためなら、ロシアは五十発以内のミサイルを撃つ準備はある」と言ったら、それでもう十分なんじゃないの？

綾織　はい。

プーチン守護霊　どうだい？

綾織　これは、すぐに、日本は決断しないといけないと思います。

プーチン守護霊　「ロシアは、五十発程度だったら核《かく》を含《ふく》んだミサイルを撃つ覚悟《かくご》はある。日本に対する敵対国に対して撃つ覚悟はある」という約束でもしたら、領土なんか、もういいんじゃない？

綾織　これはもう、最大の提案を頂きました。

プーチン守護霊　でしょう？

綾織　はい、ありがとうございます。

プーチン守護霊　いや、そのくらいやってやるよ。だって、何千発も持ってるもん。うん。余ってるから、古くなるから、新しいのをつくらなきゃいけないんで。撃たないと消せないんだわ。

綾織　本当にやりかねない感じがあるので（笑）（会場笑）、たいへんありがたいです。

プーチン守護霊　だから、君たちはパンダにしか関心がないから、四川省《しせんしょう》だけ残してやるからさ。あとはもう、やり放題できるんだからさ。

綾織　ありがとうございます。

「私たちの『脅威《きょうい》』と『怖《こわ》さ』をもっと使ってよ」

プーチン守護霊　もっと使ってよ、私たちの「脅威《きょうい》」を。「怖《こわ》さ」を。

綾織　はい。なるほど。もう、そのとおりです。

プーチン守護霊　うん、うん。使ってくださいよ。ええ。ほかに、うちもないから、売るものが、そんなには。

綾織　まあ……。

プーチン守護霊　あれでしょう？　マンモスの化石とか要《い》らないでしょう？　大して。

綾織　そうですね（笑）。

プーチン守護霊　うーん。だから、そろそろ安倍《あべ》さん、腹をくくったほうがいいよ。うん。

綾織　ありがとうございます。

プーチン守護霊　「大相撲《おおずもう》の接待」では、私は動かないかもしれないからね。

綾織　今回も、貴重な霊言《れいげん》の機会になりました。本当にありがとうございます。

プーチン守護霊　頑張《がんば》れよ！　日本。

綾織　はい。

プーチン守護霊　なあ？　弱い。

綾織　はい。

国際情勢分析《ぶんせき》で宗教に完敗する日本のマスコミ

プーチン守護霊　うん。マスコミの頭も、ちょっと悪すぎるな。宗教に、完全に負けているじゃないか、国際情勢の分析《ぶんせき》で。宗教に負けるテレビ局に大手新聞社。それが、何百万部の部数を持っているとか？　視聴率《しちょうりつ》は一千万、二千万の視聴率を持っているテレビ局とか？　もう情けなくて、安倍さんの〝提灯持《ちょうちん》ち〟にしか見えないな。

綾織　今日は、本当に重要な、未来の情勢分析、世界の分析を頂きました。

プーチン守護霊　私に任せなさい。本当は、日本の首相も兼《か》ねてやりたいぐらいなんだけど、まあ、そういうわけにはいかんだろうから。私の守護霊意見をもって「日本の首相の行動指針」とすれば、それでいいわけですよ。

綾織　はい。そのとおりだと思います。

プーチン守護霊　ええ。「守護霊」と「プーチン本人」との同通率《どうつうりつ》は、九十五パーセントを超《こ》えてますから。

綾織　おおっ、それはすごいですね。

プーチン守護霊　もう、本人の意見と一緒《いっしょ》と思ってもらって結構です。はい。

綾織　分かりました。

プーチン守護霊　大丈夫《だいじょうぶ》です。

綾織　しっかりと受け止めて行動してまいります。

プーチン守護霊　はい。頑張れよ。

綾織　頑張ります。

プーチン守護霊　な？　（「ザ・リバティ」の）部数、だんだん減っているっていう話じゃないか。

綾織　うーん……（苦笑）、まあ……。はい。

プーチン守護霊　そんなんでいいのか？

綾織　頑張ります。ありがとうございます。

プーチン守護霊　うーん。じゃあ、諸君もよく頑張るようにな。

綾織　はい。

「中国包囲網《ほういもう》を強化せよ」では軟弱《なんじゃく》、「ミサイルを撃《う》ち込《こ》め」と言えば

プーチン守護霊　「中国包囲網《ほういもう》を強化せよ」とか、こんなの軟弱《なんじゃく》、軟弱。「ミサイルを撃《う》ち込《こ》んでくれ」って言ったら、そのほうが早いんで。

綾織　そうですね。はい。

プーチン守護霊　うん。「ロシアは、ミサイルを四千発以上持っているというのは多すぎる。多すぎるから、削減《さくげん》すべきだ。そのためには撃ってみるべきだ」と。うん、うん。

綾織　撃っていただきたいですし、そっくりレンタルをしていただければやりますので。

プーチン守護霊　あのねえ、南沙諸島にね？　海のなかに中国が三キロぐらいの滑《かっ》走路《そうろ》をつくってさ、空軍基地をつくってるけど、あのあたり、このミサイルを撃ったらね、標的としては、ちょうど人もいないし、周《まわ》りも大したことない。だから、滑走路をメタメタにするぐらい、私がゴーを出したら、そんなのすぐですよ。反撃《はんげき》できないですよ。

綾織　はい。

プーチン守護霊　ロシアに撃ってこられるものなら、撃ってみろよ。こちらも撃ってやるから。そしたら、国がなくなってるから。パンダだけ生き残らしてやるけどさ。

だから、南沙諸島の基地？　ギャーギャーギャー言う必要ないのよ。自衛隊強化したって取り戻《もど》せないよ、あんなもの。潰《つぶ》せないでしょう？　君たちで壊《こわ》せるか？　基地。空軍基地。で、中国は「防衛のためにつくった」って言ってるんでしょう？　「国防のためだ」って言ってるんでしょう？　台湾《たいわん》を取るのも「国防のため」なんでしょ？

綾織　うーん。

プーチン守護霊　台湾と（中国を）分けるやつは、それはもう、敵と見なして攻撃《こうげき》すると言ってるんでしょう？　こんな国はね、やっぱり一発、パチンと〝アッパーカット〟を入れてやらなければ駄目《だめ》なんですよ。肝《きも》が冷えなきゃ駄目なんですよ。
それは、ロシアから人工衛星を、金正恩《キムジョンウン》みたいに打ち上げるつもりだったのが、間違《まちが》えて地上に落下する。人工衛星が落下する。原理は一緒だからね、あれ。
「あらっ？　何だろう？　ああ、そうなの、そうですか。中国さんが、そこに戦闘《せんとう》機《き》の基地をつくるつもりだったんですか。私らの衛星は、コンピュータの入力ミスにより、ちょっと手違いでその上に落ちちゃったんですよね。まあ！　島がなくなったの？　ああ、残念でしたね、それはまた。でも、世界の平和にとっては、結果的にはよかったですね」と、そのくらいの〝狸《たぬき》〟は、私にだってできるんですよ。やろうと思えば。

綾織　ありがとうございます。

プーチン守護霊　（机を軽く叩《たた》きながら）日本の首相とは権限が違うんだから。ね？　それを知ってほしいな。

綾織　なるほど。

プーチン守護霊　だから、「北朝鮮」と「中国」と、二つ片付けられるんです。日《にち》露《ろ》関係だけで。ねえ?

綾織　ええ。

プーチン守護霊　分かってるかなあ、これが。

綾織　連携《れんけい》どころか、もう、同盟まで行きたいところでございます。

日本のマスコミは、大きくなるほど頭が悪い

プーチン守護霊　だからね、安倍さんはね、「歩《ふ》」一つ取られるのを惜《お》しがって、こうやって一生懸命《いっしょうけんめい》、「歩が取られる。一枚取られる。二枚取られる」とか言ってるんだけど、こちらは「飛車《ひしゃ》をあげる」って言ってるのに、なんで分からないのかなあ?

綾織　分かりました。それを、日本のマスコミにもしっかりと訴《うった》えていきたいと思います。

プーチン守護霊　マスコミは、大きくなるほど頭が悪いから困るんだよ。だから、〝恐竜《きょうりゅう》と一緒〟なんだよ。足にネズミが噛《か》みついても、（痛みが）頭まで来るのに三十分かかるっていう、まさしく、あれ。朝日新聞、読売新聞から始まってね？　日経新聞？　それから、あとはテレビ局？　在京テレビ局、これ、もう駄目《だめ》だね。これは、モスクワの許可をもらうようにしたらいいよね。

綾織　なるほど（笑）。

プーチン守護霊　そしたら、オープンにできる。全部、あのね、本当に、昔のうちの国営放送みたいに見えるよ。同じことを言ってるもん。うん。

綾織　はい。ありがとうございます。

6　安倍《あべ》首相よ、「死ぬべき時は、今」だ！

「私が現役《げんえき》をやっているうちに、日本を変えよ。その戦略を持て」

プーチン守護霊　何と言うかなあ、「交渉力《こうしょうりょく》がない人間」、「判断力がない人間」ってのは、ちょっと尊敬できなくて、残念だなあ。うーん。

君たちは「神近き存在」なんだろうから、もうちょっと「神近き存在」であるところの利点を使ってくださいよ。うん。

日本のマスコミが劣化《れっか》してるし、政治家も劣化してるし、まあ……、情けないね。トランプさんみたいに、民主主義の国で、マスコミの国で、マスコミと戦いながらでも、自分の信念を実現している人がいるんだからさ。まあ、日本だって、そのくらいやらないといかんのじゃないか？　弱すぎるんじゃないか？　うーん。

綾織　何としても、戦って勝ち取ってまいります。

プーチン守護霊　うーん。まあ、君たちの参院選は、週刊誌によれば、もう〝終わってる〟ので、もう、言ってもしょうがないんだけど。

でも、何とかね、私が現役《げんえき》やってるうちに、日本という国をもうちょっと変えていただきたいんでね。そのための「戦略」を持てよ。なあ？「戦略」を持って、やっぱり、もうちょっと「大きな計画」？「五カ年計画」、「十カ年計画」を取って、「この国で、どうやって権力を行使《こうし》できるようにできるか」、それを考えてくれよ。な？そういう団体なんじゃないのか？ああ。

綾織　そのとおりです。ありがとうございます。

プーチン守護霊　まあ、期待してるからさあ。（プーチン守護霊の霊言《れいげん》収録は）六回目だよ？　君。ええ？　日本、なんで、もっと驚《おどろ》かないんだよ。な？

綾織　そのとおりですね。

プーチン守護霊　ほんとだよ。

綾織　霊言の内容そのままで動いてきていますので、本当にそのとおりだと思います。

プーチン守護霊　そうだろう？　だけど、動いてるけど、認めもしないんだろう？

綾織　はい。

安倍《あべ》首相に「武士道」を説く

プーチン守護霊　だから、ここが卑怯《ひきょう》なんだよ。人間として裏表がある人間、隠《かく》し立てをする人間は、卑怯なんだよ。「正々堂々と立ち向かって、一本背負《いっぽんぜお》いしろ」と。「一本勝ちを狙《ねら》ってこい」と。

そんなね、「柔道着《じゅうどうぎ》をはだけて、つかめないようにして、そして、決まらないみたいな、こんな試合は嫌《いや》だ」って、私は何度も言ってる。だから、「ちゃんと締《し》めて一本取れるような試合にしろよ」と、そういうことが言いたい。

「接待は結構だから、一本取れるような組み方を、ちゃんとしてくれよ」と、言いたいのはそれだけ。

「（柔道着の）前をはだけて、もう、つかみようがない。汗《あせ》だらけでつかめないから、技《わざ》をかけられない」みたいなので、「時間切れを狙う」みたいな、そういう戦いは、もう勘弁《かんべん》していただきたい。安倍《あべ》君に言いたいのは、そういうことだ。

綾織　はい。本日は、また貴重な提言も頂きまして、ありがとうございました。

プーチン守護霊　令和ムードで、あなた、支持率がずっと取れると思ったら、終わりだよ。令和ムードなんてなあ、一年もたたないうちにすぐ消えていくよ。もう、あっという間に。

今度は皇室の問題ばかりいっぱい出てきて、今、支持率が高支持率になったと思うのが、来年（二〇二〇年）になったら急にガーンと下がってるよ。私の「予言」ね。うん。

小手先《こてさき》のことを考えずに、もう、堂々としたほうがいいよ。

人間はね、やっぱ、「武士道」だよ。だからね、「自分の死すべき時」と「死すべき場所」を心得《こころえ》るべきだよ。安倍君にそう言っといてくれるか？

死ぬべき時は、今だ。ねえ？　場所も、今だ。それを考えろよ。な？　だから、長生きすりゃいい、長く政権をやりゃいいっていうもんじゃない。私はしたいけどね？　だけど、彼は長くやったからって何もないんだから。もういい。もう十分だ。

綾織　しっかりと伝えさせていただきます。ありがとうございます。

プーチン守護霊　まあ、六回目だからね。ほんとね。

「金正恩《キムジョンウン》は、特殊《とくしゅ》部隊の斬首《ざんしゅ》作戦で来世《らいせ》に送れ」という主張

プーチン守護霊　金正恩《キムジョンウン》（守護霊）も機嫌《きげん》よく来てたけどね。もう……。あいつは、もう来世《らいせ》に送ってやらないといかんね。うーん。

綾織　そうですね。

プーチン守護霊　もういいわ。この世のあれは、もういいんじゃないか？　うん。あれは何て言うの？　うーん、〝首狩《くびか》り作戦〟だか何だか知らんが、首斬《き》り作戦で……。

綾織　斬首《ざんしゅ》作戦。

プーチン守護霊　「斬首作戦」？　もうやったらいいんだよ。もう、やりゃあいいよ。今は、ちょっと油断してるから。交渉は流れたけど、アメリカ・トランプが「短距《たんきょ》離《り》ミサイルを全然気にしていない」とか言ってるから、油断してるから。油断させ・・・・・ているかもしれないから。

今こそ、「斬首作戦」、決行《けっこう》すべき時だよ。今だったら、倒《たお》せる。今だったら、特《とく》殊《しゅ》部隊を送り込《こ》んだら、一晩で殺せる。うん。今、やれ。うん。やるなら今だ。

綾織　そういう主張もやっていきたいということですか。

プーチン守護霊　うん。ロシアは、あとから支持する。

綾織　はい。

プーチン守護霊　まあ、頑張《がんば》れよな。うん。

綾織　はい。ありがとうございます。

プーチン守護霊　はい。

7　霊言《れいげん》を終えて──ロシアは大国へと復活する

大川隆法　（手を二回叩《たた》く）はい。うーん、プーチンは、爽快《そうかい》ですなあ。大したものですな。ああ、やはり、なめてはいけないね。

これは、ロシアはもっと大国になるでしょう。復活するでしょう。彼が「長くやりたい」と言っているけれども、それは、欲望だけではなくて、国が強くなろうとしているのでしょう。

綾織　はい。

大川隆法　ソ連が崩壊《ほうかい》してロシアになったときは、何だか戦後日本の闇市《やみいち》、闇商売のようなものばかりやっていた状態だったのが、あっという間に立ち直ってきて、信仰《しんこう》も立ってきて、「世界の大国に戻《もど》ってこようとしている」ので、確かに、彼が長くやれば大国に戻るのではないでしょうか。

何らかのメッセージを伝えることができればありがたいなと思います。

まあ、「そろそろ決めないと、もう永遠にチャンスがなくなるかもしれない段階だ」ということは、言っておいたほうがいいかもしれませんね。

それでは以上です。

質問者一同　ありがとうございました。

あとがき

本書を参考に「日露平和条約」をスパッと結んだらよい。多くの国民の誤解をよそに、日露の戦後はまだ終結していないのだから。

日本の生き筋は、日米関係を基軸《きじく》としつつも、インド、台湾、韓国、オーストラリア、ロシアで囲んで、北朝鮮と中国の民主化、自由化、そして信仰の復活をなしとげることである。さらに中近東の戦乱を抑止《よくし》することである。また、アジア、アフリカ諸国のリーダーに、日本自身がなることである。

アベノミクスは行きづまり、外交で得点なく、皇室問題で国難《こくなん》のきざしがある今、「決断」の二文字こそ必要とされている。

二〇一九年　六月七日

幸福《こうふく》の科学《かがく》グループ創始者兼総裁《そうししゃけんそうさい》　大川隆法《おおかわりゅうほう》

『「日露平和条約」を決断せよ』関連書籍

『自由・民主・信仰の世界』（大川隆法 著　幸福の科学出版刊）
『君たちの民主主義は間違っていないか。』（大川隆法・釈量子 共著　同右）
『プーチン大統領の新・守護霊メッセージ』（大川隆法 著　同右）
『プーチン 日本の政治を叱る』（同右）
『守護霊インタビュー ドナルド・トランプ アメリカ復活への戦略』（同右）
『アメリカ合衆国建国の父　ジョージ・ワシントンの霊言』（同右）
『守護霊インタビュー トランプ大統領の決意』（同右）
『習近平守護霊　ウイグル弾圧を語る』（同右）
『文在寅守護霊 vs. 金正恩守護霊』（同右）
『日露平和条約がつくる新・世界秩序　プーチン大統領守護霊 緊急メッセージ』
（大川隆法 著　幸福実現党刊）

『ロシア・プーチン新大統領と帝国の未来』（同右）

「日露平和条約《にちろへいわじょうやく》」を決断《けつだん》せよ
—メドベージェフ首相&プーチン大統領 守護霊メッセージ—

2019年6月8日　初版第1刷

著　者　大《おお》川《かわ》隆《りゅう》法《ほう》

発行所　幸福の科学出版株式会社
〒107-0052 東京都港区赤坂2丁目10番14号
TEL(03)5573-7700
https://www.irhpress.co.jp/

印刷・製本　株式会社 研文社

落丁・乱丁本はおとりかえいたします
©Ryuho Okawa 2019. Printed in Japan. 検印省略
ISBN978-4-8233-0087-5 C0030
カバー SPUTNIK/時事通信フォト
装丁・イラスト・写真(上記・パブリックドメインを除く)©幸福の科学

大川隆法シリーズ・**最新刊**

自由・民主・信仰の世界

日本と世界の未来ビジョン

国民が幸福であり続けるために——。未来を拓くための必須の視点から、日米台の関係強化や北朝鮮問題、日露平和条約などについて、正論を説いた啓蒙の一冊！

1,500円

旧民主党政権の「陰の総理」仙谷由人の霊言

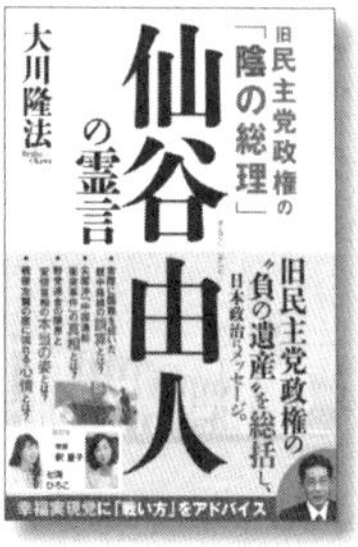

旧民主党政権が国難を招いてしまった真因に迫る。親中路線の誤算、震災の被害増大、中国漁船衝突事件など、仙谷由人氏が赤裸々に語る、死後九日目の霊言。

1,400円

君たちの民主主義は間違っていないか。

幸福実現党 立党10周年・令和元年記念対談

大川隆法　釈量子　共著

日本の民主主義は55点!? 消費増税のすり替え、大義なきバラマキ、空気に支配される国防政策など、岐路に立つ国政に斬り込むエキサイティングな対談！

1,500円

新上皇と新皇后のスピリチュアルメッセージ

皇室の本質と未来への選択

令和初日5月1日に特別収録された、明仁上皇と雅子皇后の守護霊霊言。生前退位の真意、皇位継承、皇室改革、皇室外交など、そのご本心が明らかに。

1,400円

※表示価格は本体価格（税別）です。

日露平和条約がつくる新・世界秩序 プーチン大統領守護霊 緊急メッセージ

なぜ、プーチンは条約締結を提言したのか。中国や北朝鮮の核の脅威、北方領土問題の解決と条件、日本の選ぶべき未来とは――。【幸福実現党刊】

1,400円

プーチン 日本の政治を叱る

緊急守護霊メッセージ

日本はロシアとの友好を失ってよいのか？ 日露首脳会談の翌日、優柔不断な日本の政治を一刀両断する、プーチン大統領守護霊の「本音トーク」。

1,400円

プーチン大統領の新・守護霊メッセージ

独裁者か？ 新時代のリーダーか？ ウクライナ問題の真相、北方領土をはじめとした日露関係の未来など、プーチン大統領の驚くべき本心が語られる。

1,400円

ロシア・プーチン新大統領と帝国の未来

守護霊インタヴュー

中国が覇権主義を拡大させるなか、ロシアはどんな国家戦略をとるのか!? また、親日家プーチン氏の意外な過去世も明らかに。【幸福実現党刊】

1,300円

大川隆法 霊言シリーズ・世界のトップ、本心を語る

守護霊インタビュー トランプ大統領の決意

英語霊言 日本語訳付き

北朝鮮問題の結末とその先のシナリオ

"宥和《ゆうわ》ムード" で終わった南北会談。トランプ大統領は米朝会談を控え、いかなるビジョンを描くのか。今後の対北朝鮮戦略のトップシークレットに迫る。

1,400円

文在寅守護霊 vs. 金正恩守護霊

南北対話の本心を読む

南北首脳会談で北朝鮮は非核化されるのか？ 南北統一、対日米戦略など、宥和路線で世界を欺く両首脳の本心とは。外交戦略を見直すための警鐘の一冊。

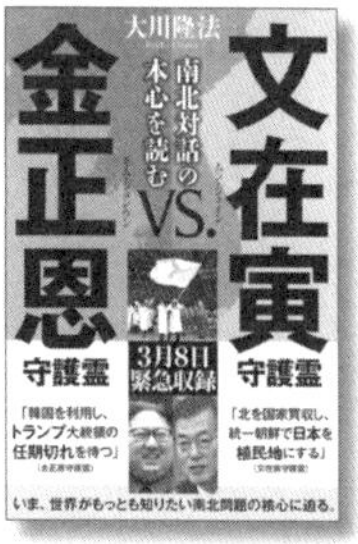

1,400円

スピリチュアル・インタビュー メルケル首相の理想と課題

英語霊言 日本語訳付き

移民政策や緊縮財政など、ＥＵの難局に直面するドイツ首相の本心に迫る。トランプや習近平、プーチンに対する本音、そして、衝撃の過去世が明らかに。

1,400円

習近平守護霊 ウイグル弾圧を語る

ウイグル "強制収容所" の実態、チャイナ・マネーによる世界支配戦略、宇宙進出の野望──。暴走する独裁国家の狙いを読み、人権と信仰を守るための一書。

1,400円

※表示価格は本体価格（税別）です。

大川隆法 霊言シリーズ・大戦の指導者たちの今

毛沢東の霊言

中国覇権主義、暗黒の原点を探る

言論統制、覇権拡大、人民虐殺——、中国共産主義の根幹に隠された恐るべき真実とは。中国建国の父・毛沢東の虚像を打ち砕く必読の一書。

1,400円

赤い皇帝 スターリンの霊言

旧ソ連の独裁者・スターリンは、戦中・戦後、そして現代の米露日中をどう見ているのか。共産主義の実態に迫り、戦勝国の「正義」を糺《ただ》す一冊。

1,400円

米朝会談後の外交戦略 チャーチルの霊言

かつてヒットラーから世界を救った名宰相チャーチルによる「米朝会談」客観分析。中国、韓国、ロシアの次の一手を読み、日本がとるべき外交戦略を指南する。

1,400円

原爆投下は人類への罪か?

公開霊言 トルーマン & F・ルーズベルトの新証言

なぜ、終戦間際に、アメリカは日本に2度も原爆を落としたのか?「憲法改正」を語る上で避けては通れない難題に「公開霊言」が挑む。【幸福実現党刊】

1,400円

大川隆法ベストセラーズ・理想の政治を目指して

愛は憎しみを超えて

中国を民主化させる日本と台湾の使命

中国に台湾の民主主義を広げよ──。この「中台問題」の正論が、第三次世界大戦の勃発をくい止める。台湾と名古屋での講演を収録した著者渾身の一冊。

1,500 円

Love for the Future

未来への愛

英語説法
英日対訳

過去の呪縛からドイツを解き放ち、中国の野望と第三次世界大戦を阻止するために──。ドイツ・ベルリンで開催された講演を、英日対訳で書籍化！

1,500 円

夢は尽きない

幸福実現党 立党10周年記念対談

大川隆法　釈量子　共著

日本の政治に、シンプルな答えを──。笑いと熱意溢れる対談で、働き方改革や消費増税などの問題点を一刀両断。幸福実現党の戦いは、これからが本番だ！

1,500 円

幸福実現党宣言

この国の未来をデザインする

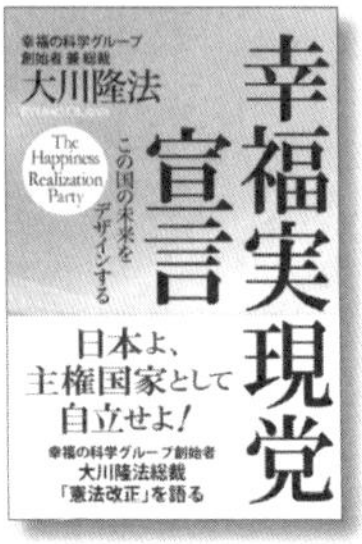

政治と宗教の真なる関係、「日本国憲法」を改正すべき理由など、日本が世界を牽引するために必要な、国家運営のあるべき姿を指し示す。

1,600 円

※表示価格は本体価格（税別）です。

大川隆法「法シリーズ」

青銅の法

法シリーズ第25作

人類のルーツに目覚め、愛に生きる

限りある人生のなかで、
永遠の真理をつかむ──。
地球の起源と未来、宇宙の神秘、
そして「愛」の持つ力を明かした、
待望の法シリーズ最新刊。

2,000円

第１章　情熱の高め方
──無私のリーダーシップを目指す生き方

第２章　自己犠牲の精神
──世のため人のために尽くす生き方

第３章　青銅の扉
──現代の国際社会で求められる信仰者の生き方

第４章　宇宙時代の幕開け
──自由、民主、信仰を広げるミッションに生きる

第５章　愛を広げる力
──あなたを突き動かす「神の愛」のエネルギー

ワールド・ティーチャーが贈る「不滅の真理」

「仏法真理の全体像」と「新時代の価値観」を示す法シリーズ！
全国書店にて好評発売中！

出会えたひと、すべてが宝物。

限りある人生を、あなたはどう生きますか？
世代を超えた心のふれあいから、「生きるって何？」を描きだす。

ドキュメンタリー映画

光り合う生命《いのち》。

―心に寄り添う。2―

企画／大川隆法

メインテーマ「光り合う生命。」 挿入歌「青春の輝き」 作詞・作曲／大川隆法

出演／希島 凛　渡辺優凛　監督／奥津貴之　音楽／水澤有一　製作／ARI Production　配給／東京テアトル　©2019 ARI Production

8月30日(金)より全国で順次公開

G 31043-A

世界から希望が消えたなら。
製作総指揮・原案／大川隆法
竹内久顕　千眼美子　さとう珠緒　芦川よしみ　石橋保　木下渓
監督／赤羽博　音楽／水澤有一　脚本／大川咲也加　製作／幸福の科学出版　製作協力／ARI Production　ニュースター・プロダクション
制作プロダクション／ジャンゴフィルム　配給／日活　配給協力／東京テアトル　©2019 IRH Press
10.18 ROADSHOW

幸福の科学グループのご案内

宗教、教育、政治、出版などの活動を通じて、地球的ユートピアの実現を目指しています。

幸福の科学

一九八六年に立宗。信仰の対象は、地球系霊団の最高大霊、主エル・カンターレ。世界百カ国以上の国々に信者を持ち、全人類救済という尊い使命のもと、信者は、「愛」と「悟り」と「ユートピア建設」の教えの実践、伝道に励んでいます。

（二〇一九年六月現在）

愛

幸福の科学の「愛」とは、与える愛です。これは、仏教の慈悲《じひ》や布施《ふせ》の精神と同じことです。信者は、仏法真理をお伝えすることを通して、多くの方に幸福な人生を送っていただくための活動に励んでいます。

悟り

「悟り」とは、自らが仏の子であることを知るということです。教学《きょうがく》や精神統一によって心を磨き、智慧《ちえ》を得て悩みを解決すると共に、天使・菩薩《ぼさつ》の境地を目指し、より多くの人を救える力を身につけていきます。

ユートピア建設

私たち人間は、地上に理想世界を建設するという尊い使命を持って生まれてきています。社会の悪を押しとどめ、善を推し進めるために、信者はさまざまな活動に積極的に参加しています。

国内外の世界で貧困や災害、心の病で苦しんでいる人々に対しては、現地メンバーや支援団体と連携して、物心両面にわたり、あらゆる手段で手を差し伸べています。

年間約２万人の自殺者を減らすため、全国各地で街頭キャンペーンを展開しています。

公式サイト **www.withyou-hs.net**

ヘレン・ケラーを理想として活動する、ハンディキャップを持つ方とボランティアの会です。視聴覚障害者、肢体不自由な方々に仏法真理を学んでいただくための、さまざまなサポートをしています。

公式サイト **www.helen-hs.net**

入会のご案内

幸福の科学では、大川隆法総裁が説く仏法真理《ぶっぽうしんり》をもとに、「どうすれば幸福になれるのか、また、他の人を幸福にできるのか」を学び、実践しています。

入会　仏法真理を学んでみたい方へ

大川隆法総裁の教えを信じ、学ぼうとする方なら、どなたでも入会できます。入会された方には、『入会版「正心法語《しょうしんほうご》」』が授与されます。

ネット入会　入会ご希望の方はネットからも入会できます。
happy-science.jp/joinus

三帰《さんき》誓願《せいがん》　信仰をさらに深めたい方へ

仏弟子としてさらに信仰を深めたい方は、仏《ぶっ》・法《ぽう》・僧《そう》の三宝《さんぼう》への帰依を誓う「三帰誓願式」を受けることができます。三帰誓願者には、『仏説・正心法語』『祈願文《きがんもん》①』『祈願文②』『エル・カンターレへの祈り』が授与されます。

幸福の科学 サービスセンター
TEL 03-5793-1727
受付時間／火～金：10～20時　土・日祝：10～18時（月曜を除く）

幸福の科学 公式サイト
happy-science.jp

ハッピー・サイエンス・ユニバーシティ

Happy Science University

ハッピー・サイエンス・ユニバーシティとは

ハッピー・サイエンス・ユニバーシティ（HSU）は、大川隆法総裁が設立された「現代の松下村塾」であり、「日本発の本格私学」です。
建学の精神として「幸福の探究と新文明の創造」を掲げ、チャレンジ精神にあふれ、新時代を切り拓く人材の輩出を目指します。

人間幸福学部　経営成功学部　未来産業学部

HSU長生キャンパス TEL **0475-32-7770**
〒299-4325　千葉県長生郡長生村一松丙 4427-1

未来創造学部

HSU未来創造・東京キャンパス
TEL **03-3699-7707**
〒136-0076　東京都江東区南砂2-6-5　公式サイト **happy-science.university**

学校法人 幸福の科学学園

学校法人　幸福の科学学園は、幸福の科学の教育理念のもとにつくられた教育機関です。人間にとって最も大切な宗教教育の導入を通じて精神性を高めながら、ユートピア建設に貢献する人材輩出を目指しています。

幸福の科学学園
中学校・高等学校（那須本校）
2010年4月開校・栃木県那須郡（男女共学・全寮制）
TEL **0287-75-7777** 公式サイト **happy-science.ac.jp**

関西中学校・高等学校（関西校）
2013年4月開校・滋賀県大津市（男女共学・寮及び通学）
TEL **077-573-7774** 公式サイト **kansai.happy-science.ac.jp**

仏法真理塾「サクセスNo.1」

全国に本校・拠点・支部校を展開する、幸福の科学による信仰教育の機関です。小学生・中学生・高校生を対象に、信仰教育・徳育にウエイトを置きつつ、将来、社会人として活躍するための学力養成にも力を注いでいます。

TEL 03-5750-0747（東京本校）

エンゼルプランV TEL 03-5750-0757

幼少時からの心の教育を大切にして、信仰をベースにした幼児教育を行っています。

不登校児支援スクール「ネバー・マインド」 TEL 03-5750-1741

心の面からのアプローチを重視して、不登校の子供たちを支援しています。

ユー・アー・エンゼル！（あなたは天使！）運動

一般社団法人 ユー・アー・エンゼル TEL 03-6426-7797

障害児の不安や悩みに取り組み、ご両親を励まし、勇気づける、
障害児支援のボランティア運動を展開しています。

NPO活動支援

いじめから子供を守ろうネットワーク

学校からのいじめ追放を目指し、さまざまな社会提言をしています。また、各地でのシンポジウムや学校への啓発ポスター掲示等に取り組む一般財団法人「いじめから子供を守ろうネットワーク」を支援しています。

公式サイト mamoro.org ブログ blog.mamoro.org

相談窓口 TEL.03-5544-8989

百歳まで生きる会

「百歳まで生きる会」は、生涯現役人生を掲げ、友達づくり、生きがいづくりをめざしている幸福の科学のシニア信者の集まりです。

シニア・プラン21

生涯反省で人生を再生・新生し、希望に満ちた生涯現役人生を生きる仏法真理道場です。定期的に開催される研修には、年齢を問わず、多くの方が参加しています。全国186カ所、海外13カ所で開校中。

【東京校】TEL 03-6384-0778 FAX 03-6384-0779
メール senior-plan@kofuku-no-kagaku.or.jp

幸福実現党

内憂外患《ないゆうがいかん》の国難に立ち向かうべく、2009年5月に幸福実現党を立党しました。創立者である大川隆法党総裁の精神的指導のもと、宗教だけでは解決できない問題に取り組み、幸福を具体化するための力になっています。

幸福実現党 釈量子サイト **shaku-ryoko.net**

Twitter **釈量子@shakuryoko**で検索

党の機関紙
「幸福実現NEWS」

幸福実現党　党員募集中

あなたも幸福を実現する政治に参画しませんか。

- ○幸福実現党の理念と綱領、政策に賛同する18歳以上の方なら、どなたでも参加いただけます。
- ○党費：正党員（年額5千円［学生 年額2千円］）、特別党員（年額10万円以上）、家族党員（年額2千円）
- ○党員資格は党費を入金された日から1年間です。
- ○正党員、特別党員の皆様には機関紙「幸福実現NEWS（党員版）」（不定期発行）が送付されます。

＊申込書は、下記、幸福実現党公式サイトでダウンロードできます。
住所：〒107-0052　東京都港区赤坂2-10-8 6階 幸福実現党本部
TEL **03-6441-0754**　FAX **03-6441-0764**
公式サイト **hr-party.jp**

出版 メディア 芸能文化 幸福の科学グループ

幸福の科学出版

大川隆法総裁の仏法真理の書を中心に、ビジネス、自己啓発、小説など、さまざまなジャンルの書籍・雑誌を出版しています。他にも、映画事業、文学・学術発展のための振興事業、テレビ・ラジオ番組の提供など、幸福の科学文化を広げる事業を行っています。

アー・ユー・ハッピー?
are-you-happy.com

ザ・リバティ
the-liberty.com

幸福の科学出版
TEL **03-5573-7700**
公式サイト **irhpress.co.jp**

THE FACT

ザ・ファクト
マスコミが報道しない「事実」を世界に伝えるネット・オピニオン番組

ザ・ファクト 検索

NEW STAR PRODUCTION

ニュースター・プロダクション

「新時代の美」を創造する芸能プロダクションです。多くの方々に良き感化を与えられるような魅力あふれるタレントを世に送り出すべく、日々、活動しています。 公式サイト **newstarpro.co.jp**

ARI Production

ARI《アリ》 Production《プロダクション》

タレント一人ひとりの個性や魅力を引き出し、「新時代を創造するエンターテインメント」をコンセプトに、世の中に精神的価値のある作品を提供していく芸能プロダクションです。 公式サイト **aripro.co.jp**

大川隆法　講演会のご案内

大川隆法総裁の講演会が全国各地で開催されています。講演のなかでは、毎回、「世界教師」としての立場から、幸福な人生を生きるための心の教えをはじめ、世界各地で起きている宗教対立、紛争、国際政治や経済といった時事問題に対する指針など、日本と世界がさらなる繁栄の未来を実現するための道筋が示されています。

2019年5月14日 幕張メッセ「自由・民主・信仰の世界」

2019年3月3日 グランド ハイアット 台北（台湾）「愛は憎しみを超えて」

2017年8月2日 東京ドーム「人類の選択」

2018年10月7日 ザ・リッツカールトン ベルリン（ドイツ）「Love for the Future」

2019年1月26日 広島県立文化芸術ホール「未来への希望」

講演会には、どなたでもご参加いただけます。
最新の講演会の開催情報はこちらへ。⟹

大川隆法総裁公式サイト
https://ryuho-okawa.org